VO ZES FEMI NINAS

O que as mulheres mais inspiradoras do mundo têm a dizer

ZOË SALLIS

Tradução Regiane Winarski

Esta edição foi publicada pela primeira vez no Reino Unido e nos EUA em 2019 por Watkins, um selo da Watkins Media Limited. Esta é uma edição atualizada de *Our Stories, Our Visions* publicada pela Duncan Baird Publishing em 2009.
Todos os direitos reservados. www.watkinspublishing.com
Copyright ©2009, 2019, Zoë Sallis
Título original: Voices of Powerful Women
Tradução para a Língua Portuguesa © 2020, Regiane Winarski
Todos os direitos reservados à Astral Cultural e protegidos pela
Lei 9.610, de 19.2.1998.
É proibida a reprodução total ou parcial sem a expressa anuência da editora.
Este livro foi revisado segundo o Novo Acordo Ortográfico da Língua Portuguesa.

Produção editorial Aline Santos, Bárbara Gatti, Fernanda Costa, Jaqueline Lopes, Mariana Rodrigueiro, Natália Ortega, Renan Oliveira e Tâmizi Ribeiro
Preparação de texto Luciana Figueiredo
Capa e Ilustração capa Mariana Batista

Dados Internacionais de Catalogação na Publicação (CIP)
Angélica Ilacqua CRB-8/7057

S166v
    Sallis, Zoë
       Vozes femininas / Zoë Sallis; tradução de Regiane Winarski. – Bauru, SP: Astral Cultural, 2020.
       240 p.

    ISBN 978-65-5566-065-4
    Título original: Voices of powerful women

    1. Feminismo 2. Mulheres - Poder 3. Mulheres - Biografias 4. Mulheres - Lutas sociais 5. Mulheres - Entrevistas I. Título II. Winarski, Regiane
20-3516

                                      CDD 305.420922

Índice para catálogo sistemático:
1. Feminismo 305.420922

ASTRAL CULTURAL EDITORA LTDA

BAURU
Av. Nossa Sra. de Fátima, 10-24
CEP 17017-337
Telefone: (14) 3235-3878
Fax: (14) 3235-3879

SÃO PAULO
Rua Helena 140, Sala 13
1º andar, Vila Olímpia
CEP 04552-050
Telefone: (11) 3048-2900

E-mail: contato@astralcultural.com.br

ESTE LIVRO É DEDICADO
AOS MEUS NETOS.

SUMÁRIO

08

INTRODUÇÃO

13

SUA CRIAÇÃO INFLUENCIOU A DIREÇÃO QUE SUA VIDA TOMOU?

41

O QUE A INSPIRA NA VIDA?

59

O QUE MAIS PROVOCA A SUA RAIVA? VOCÊ ACREDITA EM PERDÃO?

85

VOCÊ ACHA QUE UM DIA VAI HAVER IGUALDADE, O FIM DA POBREZA E DA INJUSTIÇA?

107

QUAL É O SEU MAIOR MEDO?

125

QUAIS MULHERES VOCÊ MAIS ADMIRA?

147

AS MULHERES PODEM CONTRIBUIR COM O FIM DAS GUERRAS?

169

QUAIS CRENÇAS ESPIRITUAIS OU RELIGIOSAS VOCÊ TEM?

187

VOCÊ TEM ALGUM CONSELHO PARA A GERAÇÃO MAIS JOVEM?

207

VOCÊ TEM UMA OBRA DE ARTE, POEMA OU MÚSICA FAVORITA?

227

SOBRE AS PARTICIPANTES

INTRODUÇÃO

> "Não nascemos necessariamente com
> coragem, mas nascemos com potencial.
> Sem coragem, não podemos praticar
> nenhuma outra virtude com consistência.
> Não podemos ser gentis, verdadeiros,
> misericordiosos, generosos, honestos."
>
> MAYA ANGELOU

Entrevistei mulheres extraordinárias para este livro e me comovi profundamente com suas respostas às perguntas. E uma das coisas que todas elas têm em comum é a coragem.

Albert Einstein disse: "O mundo é um lugar perigoso. Não por causa das pessoas que são más, mas por causa das pessoas que não fazem nada quanto a isso". Todas as mulheres que foram entrevistadas para este livro estão fazendo alguma coisa quanto a isso, algo que realmente faz diferença.

Seja sob a esfera pública, como ativistas, artistas, advogadas, presidentes, ou apenas como humanitárias trabalhando nos bastidores, todas elas me inspiraram e me encorajaram.

Elas provam repetidamente que os séculos de luta para conquistar independência e igualdade para as mulheres estão chegando ao fim, em todos os campos e em muitos países.

As grandes mulheres do passado — e foram muitas — tiveram mais obstáculos a superar do que nós. Mas muitas de nós ainda acham que é muito difícil alcançar nossos objetivos ou hesitam em agir porque temem o fracasso. Esquecemos que tudo pode começar a partir de um único e pequeno passo.

A professora Wangari Maathai, a primeira mulher africana a receber um Nobel da Paz, às vezes, citava uma história para refletir sobre isso. A história é sobre um fogaréu que aconteceu em uma floresta. Todos os animais ficaram com medo do fogo e fugiram, menos o beija-flor, que decidiu ficar e apagar o fogo. Ele voou até o rio mais próximo e pegou umas gotas de água, voltou e as jogou no fogo. Os outros animais olharam de longe e zombaram do beija-flor. Quanto mais eles debochavam, mais ele se dedicava, sempre levando suas gotinhas de água para apagar o fogo com persistência e paciência. Eles perguntaram: "O que você está fazendo? O fogo é enorme, como você pode fazer alguma diferença? Você é muito pequeno". O beija-flor, então, respondeu: "Estou fazendo o melhor que posso".

A aspiração, e não necessariamente a realização, é o que nos mostra o coração e a mente de uma pessoa, e pode tocar e comover quem tem o poder de mudar as coisas. Minha esperança é que este livro inspire e motive todos que o lerem, homens ou mulheres, a fazer "o melhor que puderem" pela família humana e pelo mundo em que vivemos.

ZOË SALLIS

"O FUTURO É DOS QUE
ACREDITAM NA BELEZA
DOS SEUS SONHOS."

ELEANOR ROOSEVELT

1

SUA CRIAÇÃO INFLUENCIOU A DIREÇÃO QUE SUA VIDA TOMOU?

JANE FONDA

Acho que o que mais me influenciou foram os filmes em que meu pai trabalhou. Filmes como *As vinhas da ira* e *12 homens e uma sentença* e *Consciências mortas*. Meu pai era uma pessoa muito distante, nunca conversou muito com a gente, mas seus papéis nesses filmes passaram certos valores para mim. Uma vez, perguntei a Yolanda, filha de Martin Luther King, se o pai dela a pegou no colo e conversou sobre valores, e ela disse que ele nunca tinha feito isso. E falei que meu pai também não, mas que ela tinha os sermões de Martin Luther King e eu tinha os filmes do meu pai. Foi de lá que os valores vieram.

O problema surgiu nos anos 1960 e 1970, com a Guerra do Vietnã. Eu me tornei ativista, e o abismo entre gerações surgiu na minha família. Meu pai não era Clarence Darrow, nem Tom Joad, nem Abraham Lincoln, personagens que ele fez e aspirava ser. Havia contradições entre quem ele realmente era e quem os papéis faziam com que parecesse. Como jovem ativista, foi um choque me dar conta de que eu estava indo mais longe do que ele iria. Ele acabaria votando em um candidato que queria acabar com a guerra, mas não quis marchar comigo.

JUNG CHANG

Minha infância foi dominada pelo fato de que cresci no governo de Mao. Minha vida familiar, assim como a de todos os chineses da época, foi virada de cabeça para baixo. Claro que esse foi um dos motivos para eu acabar escrevendo a biografia de Mao, por já ter relatado a história da nossa família no meu livro anterior, *Cisnes selvagens*. Os dois livros nasceram das minhas experiências.

    Sei bem que, em comparação com a maioria das pessoas da China da época em que Mao subiu ao poder, eu tinha uma vida bem privilegiada no começo, pois meus pais eram oficiais comunistas. Portanto, não sofri muito na grande crise da fome no país, entre 1958 e 1961, quando quase quarenta milhões de pessoas morreram de inanição e excesso de trabalho. Mas certamente sofri durante o período de dez anos da Revolução Cultural de Mao. Meus pais foram denunciados e isso resultou na morte do meu pai. Ele foi torturado e obrigado a botar fogo na amada biblioteca. Minha querida avó também morreu e fui exilada para uma área desolada dos Himalaias para trabalhar como camponesa, "médica de pés descalços", operária de siderúrgica e eletricista. Paradoxalmente, acabei me tornando uma das poucas pessoas da China a conquistar formação universitária na época. Mao tinha fechado as escolas e universidades havia anos, isso criou uma geração inteira de pessoas incultas. Quando ele morreu, em 1976, foram concedidas algumas bolsas limitadas para estudo no exterior, com base no desempenho acadêmico. Fiz parte de um dos primeiros grupos de quatorze pessoas com permissão de estudar no Ocidente.

Portanto, embora eu tenha sofrido, como a maior parte do povo chinês, também tive muita sorte.

MAYA ANGELOU

Tenho certeza de que os eventos que vivi influenciaram o rumo que minha vida tomou. Fui criada por uma avó, a mãe do meu pai, que era uma mulher incrível. Imagine, no começo do século XX, uma mulher negra em um vilarejo do Arkansas, que só estudou até o quarto ano e foi abandonada pelo marido com dois filhos, que aprende a se virar sozinha e cria um negócio fazendo torta de frango que ela vende para os funcionários dos únicos empreendimentos grandes da cidade, uma algodoeira e uma serraria. Ela preparava as tortas a noite toda e as levava até a algodoeira, onde as esquentava em um braseiro, depois corria oito quilômetros até a serraria para vender o resto. Não fazia diferença se estivesse chovendo ou nevando. Ela desenvolveu uma clientela assim e, em uns dez anos, abriu um mercado entre os dois negócios. Eu amava imitá-la, e as pessoas diziam: "Ah, sra. Henderson, lá vem você e sua sombra", e ela olhava para mim, sorria e respondia: "É, ela deve ser minha sombra. Aonde quer que eu vá, ela vai. Se eu paro, ela para". Ela me amava.

> "Minha avó preparava as tortas a noite toda e as levava até a algodoeira, onde as esquentava em um braseiro, depois corria oito quilômetros

> até a serraria para vender o resto. Não fazia
> diferença se estivesse chovendo ou nevando."
>
> MAYA ANGELOU

BENAZIR BHUTTO

O rumo que minha vida tomou foi muito influenciado pela minha criação. Tive a sorte de ter um pai que acreditava que uma filha e um filho deviam ter direitos iguais. Isso não era comum no Paquistão quando eu era criança. O Paquistão tinha uma sociedade tradicional. A expectativa era de que as meninas se casassem e os meninos arrumassem um emprego e sustentassem não só a si mesmos, mas os outros membros da família. Dava-se ênfase em garantir que os meninos tivessem bons estudos — o melhor alimento. As meninas ficavam com as sobras dessa educação privilegiada. Meu pai era diferente, era um homem estudado e emancipado e nos criou para acreditar em igualdade de gêneros. Se não fosse por ele, talvez eu não tivesse me dedicado tanto aos direitos das mulheres e ao empoderamento feminino. Foi meu pai que decidiu que me mandaria estudar no exterior quando eu tinha dezesseis anos. Eu me tornei muito independente quando estava nos Estados Unidos, porém, no começo tive a sensação de ter sido jogada no lado fundo da piscina, de precisar nadar para não afundar. Achei chocante ver que os estudantes iam para a aula de calça jeans, muitas vezes suja, e de camiseta, e que botavam os pés nas mesas e respondiam aos professores, mas aquilo foi um despertar para mim.

ZOË SALLIS

Eu estava nos Estados Unidos em uma época muito interessante. Kate Millett tinha acabado de publicar *Sexual Politics*, Germaine Greer tinha escrito *The female Eunuch* e o papel da mulher na sociedade estava sendo muito discutido. A maioria das garotas da época ainda achava que, depois de sair da faculdade, elas se casariam, mas uma proporção significativa achava que gostaria de trabalhar. Fui muito encorajada pelo movimento feminista. Também foi a época do impeachment do presidente Nixon, e considerei empoderador saber que o líder da maior superpotência mundial podia ser derrubado pelo próprio povo. Eu vinha de uma ditadura e pensei que tinha que voltar e fazer o que pudesse para empoderar meu povo. Foi uma experiência muito boa.

> "Tive a sorte de ter um pai que acreditava que uma filha e um filho deviam ter direitos iguais. Isso não era comum no Paquistão quando eu era criança."
>
> BENAZIR BHUTTO

SWANEE HUNT

Meu pai era um petroleiro independente, o que chamavam de "cavador de poços", na época em que primeiro era preciso encontrar onde ficavam as reservas de petróleo para depois começar a extraí-lo. Acho que herdei seu ímpeto ousado de quem diz "vamos tentar". Não fomos criados em um ambiente de elite; morávamos em uma mansão, mas nosso estilo de vida era bem simples, surpreendentemente. Meu pai ia dirigindo para o trabalho e levava o almoço em um saco de papel. Diziam na época que ele era o homem mais rico do país, e algumas pessoas diziam até do mundo, porque isso foi antes do boom do petróleo no Oriente Médio. Outra influência importante na minha infância foi a Igreja Batista do Sul, que sempre me deu uma sensação reconfortante de ser filha de Deus. Depois, fui estudar em uma excelente escola para garotas, que me fez apreciar muito o poder e a força das mulheres.

JUDI DENCH

Fui criada em uma família que ama o teatro, e deve ter sido o hábito de frequentá-lo que influenciou o rumo da minha vida. Mas eu não queria ser atriz no começo, só queria ser cenógrafa e figurinista. Era o meu grande desejo. Amo desenhar e meu pai era um excelente pintor. Toda a minha família pinta.

HELEN PREJEAN

Passei minha infância em uma família muito católica, muito favorável a ter algum membro que devotasse a vida à religião. As professoras freiras que tive na escola eram mulheres muito enérgicas, cheias de vida, calorosas e intelectuais. Entrei na comunidade muito jovem, com dezoito anos, mas eu sabia o que queria. Nunca tive certeza se queria me casar e ter só uma pequena família. Havia uma parte de mim que queria ser educadora, mas também queria algo mais abrangente. Por isso, me tornei irmã, dei aula para crianças de sétimo e oitavo anos e me tornei Diretora de Educação Religiosa na paróquia. Nos anos 1960, o Concílio Vaticano II pediu não que nos afastássemos do mundo, mas que mergulhássemos de cabeça nele, cheio de pessoas em sofrimento e de alegrias. A ideia de que dentro do contexto da comunidade nós podíamos ajudar a transformar o mundo foi o que me levou a me tornar uma das Irmãs da Ordem de São José e a me mudar para um conjunto habitacional afro-americano mais tarde, em 1980. Foi enquanto eu estava lá, vendo como era ser pobre e negro e sem estudos, sofrendo agressões da polícia, com um emprego de salário mínimo e sem assistência médica, que entendi o privilégio que tive como mulher branca na minha infância e juventude em Baton Rouge, Louisiana, nos anos 1940 e 1950. Eu estava totalmente absorta naquele universo para poder aprender com as pessoas daquela comunidade e foi lá que me pediram, em 1982, para escrever para uma pessoa que estava no Corredor da Morte.

JODY WILLIAMS

Acredito que tudo que vivenciamos nos influencia de alguma maneira. Meu irmão mais velho nasceu surdo e desenvolveu esquizofrenia na adolescência; e morávamos em uma cidade muito pequena em Vermont. Meu irmão era tão diferente que as outras crianças eram cruéis com ele. Cresci o defendendo e acabei passando, aos poucos, a defender outras pessoas que, por motivos alheios a elas, eram como eram.

> "Meu irmão era tão diferente
> que as outras crianças eram cruéis com ele.
> Cresci o defendendo e acabei
> passando, aos poucos, a defender
> outras pessoas (...)"
>
> JODY WILLIAMS

KIM PHUC

Fui muito influenciada pela minha família e pelo amor que todos me deram. Eles cuidaram muito de mim quando fui queimada pelo napalm, e foi um sacrifício enorme, principalmente para a minha mãe. Fiquei quatorze meses no hospital. Estava incapacitada, sofria tanto com a dor que chorava muito. Mas agradeço a Deus por eu não ter me rendido. Vi como meus pais, meu irmão e minha irmã e todas as pessoas ao nosso redor me ajudaram, por isso me esforcei tanto. Voltei à escola, mas tinha perdido um ano, o quarto. Eu queria muito estudar e, com determinação, cheguei ao quinto ano.

Nós havíamos perdido tudo na guerra e não tínhamos onde morar. Minha família mal sobreviveu. Minha mão esquerda ficou tão prejudicada que eu não conseguia mover os dedos e a pele estava totalmente deformada. E, ainda assim, me ajudaram a fazer exercícios constantes. Meus amigos, meu irmão, minha irmã, meu primo, minha mãe e meu pai, todos viviam ocupados, mas, quando estavam em casa, passavam o tempo comigo. O amor e o sacrifício deles me ajudaram a seguir em frente. Minha adolescência foi o período mais difícil por causa das cicatrizes no meu corpo. Eu achava que nunca teria um namorado. Que ninguém me amaria. Que nunca me casaria e nunca teria um bebê.

> "Minha adolescência foi o período mais difícil
> por causa das cicatrizes no meu corpo.
> Eu achava que nunca teria um namorado.
> Que ninguém me amaria."
>
> KIM PHUC

MAIREAD MAGUIREV

Nasci em Belfast, em 1944. Cresci em uma família católica com oito filhos e fui abençoada com pais simplesmente maravilhosos. Meus pais foram uma grande influência para mim, sempre acreditaram em ver o lado bom das pessoas e em fazer o possível para ajudá-las. Eu tinha viajado para a Tailândia e para a Rússia antes de começarmos o movimento *Peace People,* na Irlanda do Norte, em 1976, e sentia que o movimento era, de certa forma, a continuação de uma viagem espiritual por um mundo mais amplo. Ganhar o prêmio Nobel me ajudou a lidar com o que era uma situação muito difícil e desafiadora na Irlanda do Norte.

LOUISE RIDLEY

Sempre amei contar histórias e escrever, apesar de não ter certeza de onde isso veio. Minha mãe e meu pai seguiram carreiras bem diferentes da minha: ela trabalha com saúde mental, e ele era bancário. Mas minha mãe é uma ótima comunicadora e meu pai leu muitos livros para mim quando eu era criança, como todos das séries *Nárnia*, *Fronteiras do Universo* e *Senhor dos Anéis*. Ganhei uma competição de poesia na escola com uns dez anos e fiquei explodindo de orgulho de mim mesma... Também tive umas experiências de trabalho com jornalismo aos dezesseis e pude passar uns dias no ITN e na sala de imprensa da Câmara dos Comuns. Foi uma semana movimentada de notícias: Alistair Campbell renunciou e passei uma tarde com uma equipe de câmeras correndo atrás dele em Westminster. E Denis Thatcher faleceu e pude conhecer John Major, em uma homenagem a ele. A partir daquele momento, fiquei convencida de que o jornalismo devia ser um trabalho incrivelmente excitante, agitado e importante.

Por outro lado, minha criação teve grande influência na minha carreira: sou branca, de classe média e estudei em uma ótima escola particular em Londres, que me deu uma boa formação, contatos e confiança, que por sua vez me ajudaram a entrar no jornalismo, que ainda é, infelizmente, um ramo não muito diverso e de difícil acesso para quem não tem dinheiro. Uma porta de entrada comum na carreira são as pessoas que conhecemos ou a possibilidade de ter experiências de trabalho não remuneradas em Londres, e reconhecer isso foi importante para mim. Tento reconhecer que minhas circunstâncias de vida me ajudaram a ter uma vantagem e faço questão de dizer "sim" sempre que posso para todo mundo que me pede um café, conselhos ou ajuda.

SHAMI CHAKRABARTI

Tenho certeza de que minha criação deve ter afetado meu rumo na vida. Meus pais eram pessoas que sempre discutiam questões polêmicasr. Portanto, desde cedo fiquei ciente das pressões e das tensões naturais entre o indivíduo e o estado. Acho que cresci para desafiar o consenso e discutir questões bem difíceis sem fazer julgamentos rápidos. Nos meus doze anos, os noticiários estavam cheios de histórias arrepiantes sobre o Estripador de Yorkshire, o estuprador e assassino de múltiplas vítimas. Lembro-me de dizer para o meu pai que aquele homem era um animal e de especular sobre o que devia ser feito com ele quando fosse pego. Meu pai disse que não sabia como eu podia apoiar a pena de morte. Ele me pediu para imaginar ser uma pessoa inocente em um milhão que foi condenada por assassinato, sabendo que ninguém acreditava em mim e que eu estava prestes a morrer. Aquela conversa teve um efeito profundo. Não acho que tenha tirado de mim as preocupações pelas vítimas de crimes, mas me fez uma opositora da pena de morte e me trouxe a preocupação pelos direitos dos réus.

NATAŠA KANDIĆ

Lembro de quando eu era bem pequena e via crianças brigando, e também de quando ouvia pais acusando outras crianças de coisas que os próprios filhos tinham feito. Achei injusto e pensei que devia contar a verdade, dizer quem era o culpado e nunca acusar os outros. Então, desde criança acho importante lutar pela justiça, ainda que das menores formas.

MARY MCALEESE

Acho que é quase impossível escapar da nossa história. Minha avó citava uma frase de um antigo livro de provérbios: "O que se aprende na infância fica gravado em pedra", há muita verdade nisso. Fui criada entre oito irmãos em Ardoyne, Belfast, em uma paróquia pobre, embora não fôssemos pobres. Meu pai e minha mãe eram frugais em casa, rigorosos com eles mesmos, mas muito bons com os filhos e, de certa forma, sacrificavam-se muito. Bem típico de pais irlandeses da geração deles. Minha mãe e seus irmãos e irmãs tiveram sessenta filhos no total, e nós todos morávamos perto. Cresci acostumada a ter muita gente e muitos tipos de personalidade ao redor, o que foi uma base ótima. Mas havia também uma consciência apurada de que, morando em Ardoyne, eu morava em uma área exclusivamente protestante. Apesar de a maioria dos meus amigos ser protestante, frequentei uma escola católica. Assim, cresci no contexto bem complexo da Irlanda do Norte de mistura de crenças com insinuações sectárias fortes.

Acho que essa experiência me levou ao caminho em que estou agora, como presidente[1] da Irlanda. Estou comprometida a construir pontes, porque cresci em um mundo em que a falta delas levou à perda de vidas humanas e levou a conflitos em um mundo que sempre foi muito machista. Um mundo em que as mulheres deviam ser vistas e não ouvidas, menos ainda as crianças. Nós perdemos muitas dessas vidas. A Irlanda do Norte finalmente virou a página, e agora temos pessoas no governo que nunca teriam se falado no passado. É interessante que tanta gente me diga: "Queria ser trinta anos mais jovem". Isso me diz quantos de nós sentimos que nossa paz de mente e de espírito foram roubadas por conflitos que herdamos, não criamos e demoramos muito tempo para resolver.

CARLA DEL PONTE

Eu achava que estudaria Medicina na universidade. Então, meu pai disse: "Você vai passar oito anos da sua vida estudando e depois vai se casar e nunca trabalhar, é como desperdiçar dinheiro com você para nada". Acabei escolhendo o Direito, porque eram só quatro anos de universidade. Desde o começo, queria estudar direito criminal, para fazer justiça em prol das vítimas. Mas, em 1980, tornei-me juíza de uma vara preliminar e aprendi muito sobre como conduzir

---

[1] N.E.: Mary McAleese era presidente da Irlanda no ano em que este livro foi escrito. Seu mandato chegou ao fim em 2011.

investigações criminais enquanto trabalhava contra a máfia e sua lavagem de dinheiro em contas bancárias na Suíça. Esse tipo de experiência foi extremamente importante para o meu trabalho como Promotora do Tribunal de Crimes de Guerra na Organização das Nações Unidas. Na luta contra o crime organizado, aprendemos como conduzir uma investigação, como manter o foco e não ampliar as investigações além do ponto em que você tem provas suficientes para uma acusação.

YOKO ONO

Eu me rebelei contra minha criação. Sem dúvida nenhuma, ela me influenciou.

TANNI GREY-THOMPSON

Fui imensamente influenciada pela forma como meus pais me criaram. Não especificamente a seguir o caminho dos esportes, mas a ser questionadora, ter determinação e acreditar em mim mesma. Fui encorajada a praticar esportes desde bem cedo, em parte, acredito, para me acalmar e me fazer parar de ser tão irritante. Eu tinha energia demais. Meus pais sempre diziam: "Você pode escolher o que fazer e ser esportista quando tiver seu diploma". Por isso, acho que o encorajamento deles para que eu terminasse os estudos acabou contribuindo para o meu sucesso como atleta cadeirante.

CHRISTIANE AMANPOUR

Em uma idade muito importante para a minha formação, vivenciei uma revolução no meu país, o Irã. A revolução virou meu mundo todo de cabeça para baixo. Também me deu foco e me fez perceber que eu queria ser jornalista.

ISABEL ALLENDE

Fui criada para ser esposa e mãe. No Chile, as mulheres da minha geração raramente tinham formação superior e eu não estava preparada para ser escritora. Mas viajei muito e era uma leitora voraz. Além disso, minha mãe e meu avô eram ótimos contadores de histórias, então, cresci ouvindo histórias.

KATE CLINTON

Minha criação católica provavelmente me deu o pequeno gene da justiça e do desejo de ver mais empoderamento das mulheres. Eu era a filha do meio, com dois irmãos mais velhos, um irmão mais novo e uma irmã mais nova, e aprendi logo cedo que o humor era a maneira como eu podia neutralizar um pouco meus irmãos. Eles eram todos grandes, jogadores de futebol americano... Eu me sentia bem sufocada. Eu os fazia rir; era uma forma de enfraquecê-los e de me proteger. Então, desde pequena, entendi o poder do humor e como é comum que seja a forma de relaxar as pessoas.

> "Fui criada para ser esposa e mãe."
>
> ISABEL ALLENDE

EMMA BONINO

Na minha casa, quando criança, a pessoa que tinha mais influência sobre mim era a minha mãe. Ela era muito independente, autoritária, mas também compreensiva, cheia de princípios e com uma visão de mundo bem aberta. Mas foi só aos vinte e poucos anos que vivi a experiência que influenciou a direção que acabei tomando. Depois de atravessar uma situação pessoal transformadora, comecei um trabalho voluntário em Milão, em clínicas clandestinas de aborto que ajudavam mulheres comuns, que não podiam pagar uma cirurgia particular nem ir para o exterior fazer um aborto, que, na época, era ilegal na Itália. Aplicando os princípios da desobediência civil, eu me entreguei para a polícia e fui presa. Na ocasião, a campanha para uma lei que legalizasse o aborto era prioridade do Partido Radical Italiano. Então, me afiliei e me tornei deputada no ano seguinte. Isso foi em 1976, e eu tinha vinte e sete anos de idade.

> "Quem enfrenta o mundo com confiança
> suficiente para saber quem é pode ter entraves,
> mas não duvida das próprias decisões."
>
> MARIE COLVIN

MARIE COLVIN

Minha mãe e meu pai sempre deixaram claro que era possível fazermos qualquer coisa que botássemos na cabeça que queríamos fazer. Nunca achei que o papel tradicional de mulher fosse para mim e, por isso mesmo, o símbolo da influência deles sobre mim deve ter sido a confiança que me deram. Quem enfrenta o mundo com confiança suficiente para saber quem é pode ter entraves, mas não duvida das próprias decisões. Não comecei como jornalista, queria ser bióloga marinha.

SHIRIN EBADI

Quando era muito jovem, eu me apaixonei pela ideia do que mais tarde descobri ser a justiça. A injustiça me incomodava muito. Se visse, por exemplo, uma briga entre dois jovens na rua, sem nem saber qual era a questão, costumava a apoiar o menor e, muitas vezes, levava socos e tapas por intervir sem motivo. Meu interesse na justiça foi o que me levou a estudar Direito. Além disso, meu pai era advogado e eu estava acostumada a discussões sobre questões legais em casa. Estudei para ser juíza depois que me formei em Direito porque acreditava que isso podia me ajudar a fazer justiça. Depois da revolução iraniana de 1979, disseram que, por ser mulher, não podia continuar sendo juíza. Por isso, decidi trabalhar como advogada, e escolhi o campo dos direitos humanos, porque achei que assim poderia continuar fazendo justiça no mundo e para a minha família. Às vezes, acho que se meu pai fosse médico, talvez eu acabasse sendo médica também e fosse trabalhar com problemas relacionados à AIDS. Meu senso de justiça teria me tornado ativista de qualquer modo, mesmo se eu fosse médica. Acho que cada pessoa nasce com certas características e, claro, quando são alimentadas, acabam se tornando as características que serão levadas pela vida. Fui criada em uma família com estudo, moderna e, ao mesmo tempo religiosa, e essa base me deu a mentalidade que tenho.

> "Meu senso de justiça teria me tornado ativista de qualquer modo, mesmo se eu fosse médica."
>
> SHIRIN EBADI

MARTHA LANE FOX

Nunca fui empurrada em nenhuma direção específica. Tive o luxo de poder pensar que poderia me tornar qualquer coisa, desde atriz renomada internacionalmente à diretora de prisão ou primeira-ministra. Quando falei que ia abrir meu negócio on-line, meus pais teriam ficado mais surpresos se eu tivesse dito que queria trabalhar em um banco. A liberdade que eles me deram para criar meu modo de vida foi sua maior influência para mim.

DAGMAR HAVLOVÁ

Fui criada em um ambiente teatral e artístico, que direcionou minha vida para as artes e também me levou a me tornar independente, porque meus pais costumavam não estar em casa à noite. Desde os doze anos, eu era a encarregada da casa à noite e cuidava da minha irmã mais velha, que era doente. Acho que a capacidade de tomar decisões sozinha me ajudou a dar forma à minha vida e também influenciou meu interesse no trabalho social com a Fundação VIZE 97 que Václav e eu criamos.

SINÉAD O'CONNOR

Por ser uma garota irlandesa nascida em uma teocracia, fui influenciada pelo catolicismo e pelo país em que cresci. Mas fui mais influenciada por ter que viver em uma situação de abuso por parte da minha mãe. Acho que não dava para separar o que estava acontecendo em casa do que estava acontecendo no país.

> "Fui mais influenciada por ter que viver em uma situação de abuso severo por parte da minha mãe. Acho que não dava para separar o que estava acontecendo em casa do que estava acontecendo no país."
>
> SINÉAD O'CONNOR

MARY ROBINSON

Tive a sorte de ter pais, ambos médicos, que me encorajaram a acreditar que eu tinha as mesmas perspectivas que meus quatro irmãos de desenvolver meu potencial total. Meu avô era um advogado comprometido com a lei que faz justiça e me influenciou muito na maneira de vê-la como um instrumento de justiça social, quando eu estudava Direito. Entrei na Escola de Direito de Harvard em uma época em que havia muitos questionamentos sobre a Guerra do Vietnã, os direitos civis no Sul e até sobre a lei em si e como estava sendo ensinada. Foi muito empoderador testemunhar e participar disso.

ANN LESLIE

Minha história de infância provavelmente me preparou para ser correspondente internacional. Meu pai trabalhava em uma empresa de petróleo e minha família se mudava muito. Eles moraram em várias partes do subcontinente, e fui enviada para um colégio na Índia aos quatro anos. Quando eu voltava para a cidade da Índia em que eles estavam morando, nunca era para a mesma casa de onde eu tinha saído. Então, nunca tive brinquedos, por exemplo, porque não fazia sentido ficar carregando tudo para lá e para cá. De certa forma, até me acostumei a esse estilo de vida e desenvolvi uma curiosidade infinita. Mais tarde, fui enviada para colégios internos na Inglaterra e só via a minha família uma ou duas vezes por ano. Isso me obrigou a ser durona, fria mesmo, autossuficiente e nada sentimental em relação a um lar.

PAULA REGO

Não posso dizer que as primeiras experiências de vida influenciaram o rumo da minha vida porque, quando somos crianças, não temos o controle de nada, o que conta é mais como nossos pais são e o que eles querem que nós façamos. Tive muita sorte. Morava em Portugal e meu pai era uma pessoa muito liberal, considerando que vivíamos em uma ditadura. Ele queria que eu saísse de lá, porque Portugal não era um lugar para uma mulher. Veja bem, não era um país para homens também, porque era um lugar fascista. Deixei o país aos dezesseis anos.

SOLEDAD O'BRIEN

Meus pais tiveram influência sobre o que valorizo na vida hoje, com certeza. O que eles valorizam é gentileza, bondade, respeito. Lembro-me do começo, quando as pessoas diziam: "Ah, seus pais devem sentir um grande orgulho de você trabalhar na televisão". A realidade é que eles nem ligam. Acho que ficam felizes de eu ter um emprego e parecer feliz. De certa forma, meu pai me influenciou nesse sentido, porque ele amava noticiários e acabei assistindo muito a telejornais quando criança, noticiários sérios. Tenho certeza de que isso teve um papel importante para que eu fosse para a CNN.

HANAN ASHRAWI

Meus pais me criaram para dar valor a mim mesma e, ao mesmo tempo, reconhecer que os direitos de uma pessoa não são exclusivos e dependem dos direitos dos outros. Eles também me ensinaram a defender o que é certo e não ficar intimidada nem limitada. A explorar e ir além do que é dado e aceito. Meu pai, especificamente, nos ensinou que mulheres são iguais a homens e nunca deixou que aceitássemos nenhum tipo de discriminação. Era assim que éramos tratados em casa. A educação, a leitura e uma abertura a diferentes ideias e mundos foram estimuladas em nós desde bem cedo. Todas essas coisas me deram uma vantagem, eu diria, uma noção de identidade, de autoconfiança e autossuficiência. E também uma noção de humanismo e de aceitação para com os outros.

MARY KAYITESI BLEWITT

Nasci depois que minha família fugiu de Ruanda, em 1959, então, minha criação e minhas experiências de criança refugiada devem ter tido um papel importante no que faço agora, ajudando os sobreviventes do genocídio de 1994, em Ruanda. Como refugiada, a sensação é de não ser como os outros ao seu redor — a sombra de uma coisa logo atrás de mim vivia dizendo que eu não era como todo mundo. Então, minha família e eu nos sentíamos muito distantes das outras pessoas e acontecimentos. Por causa disso, quando o genocídio aconteceu, não achei que tivesse o direito de culpar alguém. Sem as experiências anteriores na minha vida, provavelmente teria dificuldade de seguir em frente.

KATHY KELLY

Fui muito influenciada pelas minhas professoras, a maioria freiras. Servir aos outros e compartilhar os recursos era um modo de vida. Uma influência contrária foi a sensação de medo que eu sentia no meu próprio bairro, um medo de misturar pessoas que eram diferentes. Havia também, de certo modo, um sentimento de fatalismo, de que não dava para mudar as coisas, e de que quem tentasse fazer isso poderia estar dando um passo maior do que a perna. Por isso, sou muito grata aos meus pais pelo seu amor e carinho e por me darem a sensação de segurança que ajuda os jovens a encontrar seu caminho.

> "Resisti à arte pelo tempo que pude,
> mas era o meu caminho."
>
> PALOMA PICASSO

PALOMA PICASSO

Resisti à arte pelo tempo que pude, mas era o meu caminho. Minha mãe, Françoise Gilot, tentou não explorar tanto esse lado na nossa criação, pois sabia que nós já víamos nosso pai trabalhando o dia todo. Por isso se trancava no ateliê quando ela mesma estava pintando. Lembro-me de ir com frequência à varanda para vê-la, mas acho que estava certa em proteger sua vida artística. Ela nos levava a museus, mas não exagerava, para que nós ainda víssemos esse passeio como uma coisa boa. Até certo ponto, já superei meu medo por ter um sobrenome tão importante e pelas expectativas que atrai. Mas não desenho só por desenhar. Só desenho quando tenho uma ideia para um relógio ou uma joia, porque desenhar é minha vida.

BIANCA JAGGER

Acho que não existe ninguém que não tenha sido influenciado pela própria criação. Quando as pessoas perguntam por que decidi seguir o rumo da defesa dos direitos humanos, sempre respondo sobre ter sido criada em Nicarágua durante uma ditadura. E nunca vou esquecer o impacto que o divórcio dos meus pais teve na minha existência. Da noite para o dia, minha vida próspera e privilegiada mudou. Quando minha mãe se divorciou e virou trabalhadora, ela passou a ser tratada como uma cidadã de segunda categoria por causa do gênero. Foi assim que entendi o significado de discriminação.

TRACEY EMIN

Meus pais, que não eram casados, nunca esperaram nada de mim. Minha mãe era pobre e meu pai nos abandonou. Parei de frequentar a escola quando tinha uns treze anos. Acho que minha falta de estudos e toda a liberdade mental que eu tinha ajudaram na minha arte. Eu não tinha restrições, podia fazer qualquer coisa que quisesses. Sempre fui criativa e boa em criar um espaço que não existia antes — em ir além da arte. É como se houvesse um lugar no mundo sem nada e estivesse tentando fazer coisas para aquele ambiente. Minha mãe costuma dizer que, se eu não tivesse feito arte, provavelmente não teria enxergado a razão para existir. Eu não teria sentido a relevância da vida.

MARION COTILLARD

Todas as minhas experiências prévias influenciaram meu rumo na vida. Mudei de direção em determinado ponto porque acreditava estar me afastando de quem eu era. Aprendo todos os dias e tento me manter fiel a mim mesma. Quando estamos cientes de estar indo na direção errada e entendemos o motivo, podemos encontrar a força para mudar. É uma grande experiência.

> "Minha falta de estudos e toda a liberdade mental que eu tinha ajudaram na minha arte. Eu não tinha restrições, podia fazer o que quisesses."
>
> TRACEY EMIN

MARIANE PEARL

Minha mãe influenciou profundamente a direção da minha vida ao permitir que eu escolhesse meu próprio caminho. Ela me deu confiança para acreditar no livre-arbítrio. Acho que, seja qual for nossa origem, temos a capacidade em potencial de criar uma nova pessoa — se não completamente, ao menos, nas nossas bases ou crenças.

SEVERN CULLIS-SUZUKI

Nós somos produto da nossa infância, definitivamente. Como porta-voz para o meio-ambiente, tive excelentes exemplos com meu pai, que é bem conhecido no Canadá, e minha mãe e meus avós, que levavam a mim e à minha irmã para acampar, e pescar e apreciar a natureza desde que aprendemos a andar. Crescemos pescando no coração de Vancouver, o que ainda fazemos no verão, quando os peixes-rei chegam para a desova. Acho muito importante que as pessoas da cidade não se desconectem totalmente da natureza e das fontes vivas dos seus alimentos. A reconexão é essencial nos centros urbanos e tive sorte de ter isso quando era criança.

2

O QUE A INSPIRA NA VIDA?

MARY MCALEESE

A grande inspiração da minha vida é e sempre foi o mandamento "Amai-vos uns aos outros" e sua aplicação. Essa mensagem fez sentido para mim desde o primeiro momento em que a ouvi. Pareceu ser o tipo de coisa que podia penetrar em todos os lugares e espaços intratáveis e que podia forjar conexões entre pessoas bem mais cheias de esperanças. Também colocou o mundo em perspectiva para mim e me explicou a morte. Mas, especificamente, me explicou como poderíamos resolver os conflitos na vida. Estou falando de uma disciplina de amor que tem a ver com perdão. Não necessariamente esquecimento, mas, sim, perdão e uma capacidade de encontrar o decente e o humano nos outros. Tentar encontrar o que há em comum e, se não for possível, encontrar compaixão.

ISABEL ALLENDE

As vidas das outras pessoas, os livros que leio e os lugares aonde vou me inspiram. A maioria dos meus livros vem de um sentido profundo de lembrança. Escrevo porque quero lembrar.

KATHY KELLY

As pessoas que defendem gente em situação de desvantagem me inspiram. Também me sinto muito inspirada quando vejo que as pessoas vivem de acordo com seus valores sem deixar que inconveniências as atrapalhem.

Nos meus vinte e tantos anos, Karl Meyer me inspirou quando foi para a prisão por se recusar a pagar impostos enquanto trilhões de dólares eram usados em armas. Sou inspirada por Mairead Maguire porque ela é destemida e está sempre pronta a defender várias causas de direitos humanos, além de nunca evitar dizer as coisas, mesmo quando podem colocá-la em risco.

Também sou muito inspirada pelas pessoas que decidem viver de forma mais simples e sustentável. Vejo isso na geração mais jovem, que anda de bicicleta pela neve, pelo gelo e por tempestades simplesmente porque se recusa a sucumbir às pressões da cultura do automóvel.

> "A maioria dos meus livros vem de um sentido profundo de lembrança. Escrevo porque quero lembrar."
>
> ISABEL ALLENDE

HELEN PREJEAN

Depois que me envolvi com pessoas no corredor da morte, com famílias de vítimas de assassinato e com as lutas das pessoas pobres, foi o valor de cada ser humano que passou a me inspirar. Conheci duas mulheres no corredor da morte na Pensilvânia e, quando olhei seus rostos, meu coração se conectou com o das duas e me senti elevada. Porque não importa o que as pessoas façam, elas sempre têm um valor muito mais alto do que o pior ato que cometeram em suas vidas. Sou alimentada e energizada pelo potencial que existe dentro de cada ser humano, estando com eles, dividindo seus fardos, lutando pelas suas vidas. É como ser erguida em uma onda enorme de energia.

BIANCA JAGGER

Sou inspirada pela esperança de poder fazer a diferença e ter uma vida significativa. Provavelmente, a experiência mais inspiradora e gratificante que tive foi a de evacuar um garotinho de oito anos de Tuzla durante a Guerra da Bósnia, quando a cidade estava sendo cercada e atacada, em 1995. Ele precisava de uma cirurgia por causa de um buraco no coração. O nome dele é Mohammed e ainda está vivo na Bósnia. Fui visitar a ala infantil e me pediram para remover Mohammed e uma garotinha linda chamada Sabina, que tinha leucemia. Houve uma quantidade absurda de burocracia para tirá-los de lá, inclusive, a necessidade de encontrar um hospital que estivesse preparado para oferecer tratamento gratuito para eles. Durante oito semanas, fiz tudo para superar os obstáculos e consegui atravessar para a Croácia por uma estrada muito perigosa com os dois em um veículo com tração nas quatro rodas. Sabina morreu enquanto estávamos esperando os vistos e um voo para os Estados Unidos. Fiz um apelo por ajuda a Mohammad na CBS, e o Centro Médico da Universidade de Columbia se prontificou a fazer a cirurgia, que o salvou quando chegamos a Nova York. A experiência me ensinou que é incrivelmente difícil e arriscado tirar crianças de um país em guerra. O importante é levar médicos e suprimentos.

EMMA BONINO

O que sempre me inspirou é o fato de que o *status quo* pode ser modificado. Em outras palavras, o mundo pode ser mudado para melhor.

MAYA ANGELOU

Bom, meu irmão Bailey me inspirou. Ele era dois anos mais velho do que eu e era muito baixo, mas era inteligente. Quando eu tinha oito anos, fui abusada pelo namorado da minha mãe. Ele foi morto três dias depois de ser julgado pelo meu estupro, e achei que ele tinha morrido por eu ter falado alguma coisa errada no julgamento. Por muito tempo depois disso, fiquei sem falar com todo mundo, menos com Bailey. Ele falava baixinho comigo e me dizia que eu era inteligente. Por isso, concluí que podia aprender qualquer coisa, e foi o que tentei fazer.

SWANEE HUNT

Sou inspirada por sofrimentos e pela necessidade de ajuda. Minha mãe me disse que sempre fui assim. Eu via um gatinho abandonado e levava para casa. Acho que estou levando gatinhos para casa há muito tempo.

KATE CLINTON

Adoro rir e isso me inspira a seguir em frente. Às vezes, quando estou me apresentando e consigo fazer o público rir histericamente por uns noventa minutos, penso como eu adoraria estar na plateia. Adoro poder fazer isso com as pessoas, para que elas saiam de um show e digam: "Meu rosto está doendo, acho que distendi um músculo da barriga de tanto rir!". A risada me inspira muito. Nós aprendemos a nos expor ao fazer comédia, e acho que isso é um bom treino para o nosso trabalho político. Na verdade, acho que há um Transtorno de Déficit de Atenção em massa nos Estados Unidos. Quase ninguém presta atenção no que está fazendo no momento, todo mundo faz tantas coisas ao mesmo tempo, que não chega a estar realmente presente em nada, e as risadas verdadeiras são um bom antídoto para isso.

> "O que traz alegria e inspiração à vida
> é seu propósito."
>
> MARIANE PEARL

MARIANE PEARL

Sou inspirada pela própria vida e por grandes ideais, como justiça, e pela capacidade que esses ideais têm de deflagrar a grandeza em nós. O que traz alegria e inspiração à vida é seu propósito. Não consigo viver sem a inspiração que tiro de outros seres humanos. Pessoas que se posicionam sozinhas me inspiram, como Nelson Mandela. O humanismo como Ciência me fascina, e é inspirador pensar que indivíduos podem muito bem ser os agentes de qualquer mudança confiável no mundo. A fé e o amor são minhas maiores fontes de inspiração.

MARY ROBINSON

Fui inspirada pelo meu pai, porque era um médico muito dedicado a proporcionar acesso a remédios e tratamento aos doentes, quer pudessem pagar ou não. Ele também se identificava muito com os indivíduos e seu direito de serem tratados com dignidade, mesmo se fossem velhos ou inarticulados, e era muito paciente e um bom ouvinte. Isso me inspirou a ter uma compreensão precoce de que éramos todos iguais em dignidade e valor.

ANN LESLIE

Sou inspirada pela curiosidade, por aprender sobre as culturas e esforços de outros países e por conhecer seus povos, muitos profundamente traumatizados pela guerra, pela fome e pela opressão. É comum eu me inspirar por seu estoicismo inacreditável. E não sou inspirada pela ideia de que estou fazendo um bem enorme sendo jornalista. É importante contar a história, mas acho que muitos jornalistas gostam de pensar que são bem mais influentes e importantes do que realmente são.

TRACEY EMIN

Sou minha própria força motivadora, mas, conforme envelheço, tenho mais e mais dificuldades. Acho a natureza uma coisa incrivelmente linda e gostaria de poder me conectar mais com ela, mas isso parece muito distante de mim. Admito que os instintos emocionais também me motivam, despertam algo em mim. Se eu me apaixonasse loucamente, essa mudança podia gerar um monte de trabalho novo, podia inspirar alguma coisa. Ou podia me deixar dias e dias de cama. Então, apesar de odiar dizer isso, sou eu mesma que me inspiro.

SEVERN CULLIS-SUZUKI

Cresci amando a natureza e a acho incrivelmente rejuvenescedora. O silêncio, a paz que temos quando estamos parados ao lado de um riacho ou no meio do mar ou de uma floresta são essenciais.

BENAZIR BHUTTO

Quando voltei para o Paquistão e meu pai foi preso e executado injustamente no governo militar, minha motivação era a raiva pela injustiça. E quando as pessoas vieram a mim para que as liderasse, eu as liderei. Ao me tornar a primeira mulher eleita como primeira-ministra de um país muçulmano, rompi a barreira da tradição e inspirei muitas outras mulheres muçulmanas. Lembro que, quando comecei minha carreira e ia fazer viagens antes da eleição, havia garotinhos que apareciam nas minhas reuniões, mas nunca garotinhas. E, depois que me tornei primeira-ministra, fiquei feliz de ver que os homens começaram a levar as filhas. Tinha passado a ser aceitável e respeitável que as garotas fossem vistas na sociedade. Conheci uma mulher africana que me disse uma vez que era gerente de uma usina e que, quando ficou grávida, seu chefe falou que ela tinha que deixar o emprego. Ela respondeu: "Ora, Benazir Bhutto pode ter um bebê e governar um país, por que eu não posso gerenciar uma usina e também ter um filho?". E ele aceitou este argumento.

JOAN BAEZ

Acho a coragem inspiradora, e a natureza também.

JUNG CHANG

Devo a inspiração ao meu primeiro livro, à minha avó e à minha mãe. Em 1988, minha mãe veio para Londres ficar comigo e, pela primeira vez, longe do confinamento político e social da China, ela pôde falar de forma livre e franca. Quando começou, não conseguiu mais parar. Durante os seis meses que ficou comigo, ela falou todos os dias e deixou sessenta horas de gravações em fitas cassete. Essas fitas foram a base de *Cisnes selvagens*.

SOLEDAD O'BRIEN

O que me inspira fora do trabalho é o amor pela minha família, aceitar o estresse, a loucura e o caos de viver com quatro crianças pequenas. E, na minha carreira, sou inspirada pelo desafio de contar uma história boa e justa. É muito empolgante rodar o mundo e estar dentro da notícia e ter como trabalho e responsabilidade o peso de contar a versão verdadeira. É preciso contar a verdade.

CARLA DEL PONTE

Na minha vida profissional, o que me inspira é a justiça. É isso que me motiva a fazer o melhor a cada dia, a desenvolver minha capacidade de conseguir que as vítimas sejam compensadas e de cuidar para que a verdadeira justiça seja feita. O que sempre foi e é extremamente importante para mim em toda a minha carreira são a honestidade e a verdade. Eu jamais poderia seguir carreira política, por exemplo, porque a mediação e o meio-termo não fazem parte do meu jeito de fazer as coisas. Como minha carreira foi baseada na minha função de promotora, o meio-termo nunca foi opção para mim.

TANNI GREY-THOMPSON

Penso que sou inspirada pela minha autocrítica. Nunca acho que fiz o suficiente e continuo lutando para ser o melhor que puder.

LOUISE RIDLEY

Adoro quando vejo alguém agindo de acordo com seus princípios. Nas palavras da rapper Perico Princess (uma citação compartilhada comigo pela inspiradora jornalista da BBC Megha Mohan): "recursos, não elogios" é um excelente mantra. É muito fácil compartilhar palavras e sentimentos positivos, mas é muito mais útil dar ativamente a alguém acesso ao seu conhecimento, aos seus contatos ou à sua experiência.

> "Na minha vida profissional, o que me inspira
> é a justiça. É isso que me motiva a fazer o
> melhor a cada dia, a desenvolver minha

capacidade de conseguir que as vítimas sejam compensadas e de cuidar para que a verdadeira justiça seja feita."

CARLA DEL PONTE

YOKO ONO

Sou inspirada pela adversidade.

MARTHA LANE FOX

Sou inspirada ao ver a empolgação das outras pessoas com as coisas que elas gostam, ao vê-las se animarem de verdade com alguma coisa — corrigir um erro ou apoiar alguma causa que importe para elas. Na minha vida profissional, acho que eu não poderia me envolver com algo em que não sentisse esse tipo de vibração, energia e paixão real pelo seu produto. Amei o conceito do lastminute.com. Amo o sentimento que meu karaokê dá aos clientes.

DAGMAR HAVLOVÁ

Sou inspirada pelas artes, sem dúvida. Também me sinto muito inspirada pela natureza e pelo contato com pessoas inteligentes e educadas.

MARIE COLVIN

Quanto mais trabalho no jornalismo, mais apaixonadamente me preocupo em expor a injustiça para o mundo e escrever sobre isso. Veja a Guerra do Vietnã, por exemplo, que acabou essencialmente porque, ao longo de um período extremamente longo, o jornalismo de campo expôs o que estava acontecendo, e as pessoas dos Estados Unidos começaram a dizer: "Não em nosso nome". No Iraque, acho que a melhor coisa foi tirar Saddam Hussein, que era um ditador assassino, do cenário. Depois, no entanto, muitos erros foram cometidos. Talvez a política não tenha mudado, mas, se nós não soubéssemos o que estava acontecendo no Iraque, como poderia haver debate? Sou inspirada só por poder passar uma informação e fazer algum tipo de diferença com a minha escrita.

MARY KAYITESI BLEWITT

O genocídio em Ruanda que matou cinquenta pessoas da minha família me inspirou a lutar para construir em vez de destruir. Se uma coisa horrível acontece, o único jeito de superar é se aprofundar no problema para ver o que pode ser feito para tornar tudo melhor. O genocídio é uma coisa muito difícil de explicar para qualquer pessoa e, quando não dá para explicar as coisas para as pessoas, não se pode esperar que elas consigam entender. Se não consigo encontrar as palavras, sou inspirada a tentar mostrar a dor e o sofrimento de uma maneira diferente.

ZOË SALLIS

CHRISTIANE AMANPOUR

A coragem em todas as formas me inspira, seja moral ou física. Além disso, a beleza em todas as suas formas.

HANAN ASHRAWI

Em um nível bem subjetivo, sempre tirei inspiração das minhas filhas, do fato de eu ser mãe e, agora, avó. É uma coisa bem pessoal, mas o coletivo também tem participação nisso. Sempre me comovi e me envolvi com os direitos do povo palestino. Os palestinos sofreram grandes injustiças, sem culpa nenhuma. Eles são mesmo vítimas da história e continuam sofrendo, vivendo com privação e dificuldades, sem nenhuma proteção. Essa injustiça, às vezes, me deixa com raiva, mas, ao mesmo tempo, também me motiva a tentar fazer alguma coisa para tentar ajudar. Não só consertar o que há de errado, como deixar as coisas claras: a narrativa e a realidade palestinas.

> "O genocídio em Ruanda que matou cinquenta pessoas da minha família me inspirou a lutar para construir em vez de destruir. (...) Sou inspirada a tentar mostrar a dor e o sofrimento de uma forma diferente."
>
> MARY KAYITESI BLEWITT

MAIREAD MAGUIRE

Minha fé e minhas orações inspiram totalmente a minha vida. Sinto-me totalmente abençoada por ter uma família maravilhosa, um marido incrível, cinco filhos e cinco netos. E as outras pessoas me inspiram — só vejo grande coragem e resiliência nelas.

JUDI DENCH

Acho que o que me inspira é ver e compartilhar do entusiasmo de um grupo de pessoas. Essa é a parte de que gosto de atuar. Nunca quis fazer um monólogo, por exemplo. Preciso da influência e do tipo de energia que sinto das outras pessoas quando estamos no meio de um ensaio e está tudo fluindo bem. Adoro isso.

PAULA REGO

A arte me inspira. Sempre amei desenhar.

KIM PHUC

É o amor que realmente inspira minha vida. Outra inspiração para a minha existência é a minha fé cristã, que descobri em 1982. Isso mudou minha vida completamente.

ZOË SALLIS

"As outras pessoas me inspiram — só vejo grande coragem e resiliência nelas."

MAIREAD MAGUIRE

"O mero fato de estar viva me inspira. Meus filhos são também uma grande inspiração. Eles me fazem seguir em frente e me dão vida."

SINÉAD O'CONNOR

SHAMI CHAKRABARTI

Mais do que tudo, me inspiram as pessoas, minha família, meus amigos — coisas tangíveis e reais como essas. Tenho um filho que é uma fonte incrível de inspiração. Acho que há uma coisa especial nos seres humanos e que a maioria das pessoas, se nos ativermos às suas experiências e preocupações, acredita na preciosidade da vida e nos valores dos direitos humanos.

SINÉAD O'CONNOR

O mero fato de estar viva me inspira. Meus filhos são também uma grande inspiração. Eles me fazem seguir em frente e me dão vida. Então, acho que o que mais desejo ser é uma boa mãe.

JANE FONDA

Os amigos e a família me inspiram. Uma delas é Eve Ensler, autora de *Os monólogos da vagina*, que é uma força da natureza. Tenho um grupo de amigos que me inspira a ser mais corajosa e mais forte. Garotas jovens em particular, garotas adolescentes que não cederam às normas de gênero da nossa cultura, que se viram sozinhas e estão se tornando ativistas ferrenhas — elas me inspiram. E, muitas vezes, tiro inspiração dos livros.

WANGARI MAATHAI

Quando pensamos no que nos inspirou na vida, é muito difícil indicar só uma coisa. Minha mãe teve muita influência na primeira etapa da minha vida e, depois disso, minhas professoras. As irmãs irlandesas e italianas, principalmente, foram muito importantes para mim.

3

O QUE MAIS PROVOCA A SUA RAIVA? VOCÊ ACREDITA EM PERDÃO?

SWANEE HUNT

Senti mais raiva quando me tornei adulta e o Dallas Petroleum Club me proibiu de entrar no salão de jantar por eu ser mulher. E quando ouvi dos homens da minha família que não havia lugar para mim na sala de reuniões da nossa empresa. Era uma raiva pessoal, e lidei com ela saindo de casa. Desenvolvi uma capacidade enorme de perdão, em parte por causa das mulheres com quem trabalho em Ruanda e na Libéria. Elas passaram por um inferno, mas encontram uma forma de se reconciliar com os executores da violência quando são trazidas de volta para a comunidade. Cada vez que começo a sentir que não vou conseguir perdoar uma pessoa, lembro o que estamos pedindo que aquelas mulheres façam, e digo para mim mesma que vou dar um jeito. Se elas conseguem, eu também consigo.

BIANCA JAGGER

Se eu fechasse os olhos e pensasse em algumas das pessoas que mais me deram raiva, acabaria incluindo George Bush e

Tony Blair. O que me dá raiva é a impunidade com que George Bush agiu, ignorando o direito internacional, institucionalizando o uso de tortura, desconsiderando completamente a necessidade de seguir o Protocolo de Kyoto. E pensar que não estamos fazendo nada sobre Darfur. E pensar que os Estados Unidos ainda têm permissão de ter Guantánamo. Há uma lista infinita de coisas. Se acredito em perdão? Sim, acredito.

> "A hipocrisia está no topo da lista
> das coisas que me dão raiva."
>
> EMMA BONINO

EMMA BONINO

A hipocrisia está no topo da lista das coisas que me dão raiva. E perdoar comportamento hipócrita costuma ser bem contraproducente.

JANE FONDA

Vivo pelo perdão. Acho que nós todos estamos feridos em algum nível e a única forma de podermos começar a melhorar é entendendo primeiro a natureza do ferimento e depois perdoando. É aí que a cura começa. Não se pode perdoar enquanto não se entender a ferida. Caso contrário, é como costurar um buraco

ZOË SALLIS

de bala com a bala ainda dentro. Não sinto raiva quando um veterano do Vietnã me odeia e diz algo cruel. Sinto tristeza. Sinto ódio de homens como Donald Rumsfeld e Henry Kissinger. Eles sabiam que não deviam ter feito o que fizeram, mas o cinismo governa a vida deles, e vidas são perdidas como resultado disso. Lembro-me de quando vi esses dois documentários seguidos: *Sob a névoa da guerra*, sobre Robert McNamara, e *The Trials of Henry Kissinger*. Senti raiva vendo Kissinger e nenhuma raiva vendo McNamara, porque nele eu vi um homem que sofreu profundamente por causa dos seus erros como Secretário de Defesa. Ele se desculpou por isso. Kissinger nunca vai se desculpar.

> "Vivo pelo perdão. Acho que nós todos estamos feridos em algum nível e a única forma de podermos começar a melhorar é entendendo primeiro a natureza do ferimento e depois perdoando. É aí que a cura começa."
>
> JANE FONDA

MAYA ANGELOU

Acredito em raiva. A raiva é como fogo, pode queimar toda a escória e deixar coisas positivas. Mas não acredito na amargura. O perdão é imperativo, porque não queremos carregar esse peso por aí. Quem precisa disso? Só vai nos puxar para baixo. Não ajuda na vida. Eu não me permito ficar vulnerável se puder evitar.

YOKO ONO

A injustiça me dá raiva. Perdoar é uma libertação para podermos nos afastar daquilo que nos faz mal. Sim, acredito em libertação.

KATE CLINTON

A raiva é um pecado para os católicos. Na minha família, quem ficava com raiva era enviado para o quarto. É bem diferente com minha namorada indiana e que vem de uma família que conversa muito e é muito explosiva. Ela tem sido maravilhosa para mim. Aprendi que é possível sentir raiva, demonstrar e se sentir bem melhor. Em termos de perdão, acho que perdoo mais se a pessoa demonstrar disposição de mudar o comportamento.

ANN LESLIE

A raiva não é útil porque pode nos levar a perder o controle, e isso nos coloca em desvantagem. Claro que sinto raiva como jornalista — com soldados bêbados nos pontos de verificação, burocratas idiotas, homens armados que não cooperam —, mas precisamos controlar a raiva. Na verdade, se der para canalizar o que estamos sentindo em um frio plano estratégico, acaba sendo útil. Eu nunca começo a gritar com ninguém. Outras pessoas fazem isso e, às vezes, funciona. Eu choro muito, mas tento não chorar desde que comecei a usar maquiagem nos olhos, porque o rosto fica horrível. Mas lágrimas estratégicas também são úteis, principalmente em países em que você está fazendo o papel de uma mulher boba muito emotiva.

Acho que devemos perdoar, não por causa da pessoa que está sendo perdoada, mas pelo nosso próprio bem. Não conseguir perdoar é muito destrutivo para nós. Digo isso, mas sempre fico impressionada e assombrada com as pessoas que passaram por experiências horríveis — como campos de concentração ou estupros recorrentes por soldados em uma guerra — e que perdoam. Não sei se eu conseguiria.

"Acredito em raiva. A raiva é como fogo, pode queimar toda a escória e deixar coisas positivas. Mas não acredito na amargura."

MAYA ANGELOU

MARIANE PEARL

A injustiça me dá raiva em um nível bem primitivo. Sinto que precisamos dessa raiva. Ou podemos chamar de indignação tão profunda que dá energia para agir. Às vezes, o perdão funciona, mas, no meu caso, percebi que é uma reação insuficiente para os eventos que eu estava enfrentando. Se alguém nos faz mal de verdade, mais do que perdoar a pessoa, temos que provar que ele ou ela errou no que estava tentando fazer enviando uma mensagem igualmente poderosa, mas oposta. O perdão vem quando estamos mental e espiritualmente à frente da pessoa que precisa ser perdoada.

SINÉAD O'CONNOR

Não era possível ter a infância que tive e não aprender o perdão. É a principal coisa que uma criança vítima de abuso aprende. Particularmente, acho que sinto mais raiva quando percebo que estou sendo desrespeitada pelo fato de ser mulher, quando alguém me trata de um jeito diferente do que faria se eu fosse homem. Um encanador que trabalhou na minha casa dizia coisas do tipo: "Não fica de frescura!", quando eu reclamava de sujeira, e eu tinha vontade de dar na cara dele.

MARY ROBINSON

Mantenho uma sensação de raiva em eterno banho-maria por causa da injustiça no nosso mundo. Por exemplo: a injustiça do comércio mundial, que fica do lado dos países mais ricos e das grandes corporações. Tentei canalizar minha raiva quanto a isso na direção da energia para conseguir as mudanças.

Acredito em perdão. Tive muitas experiências com o perdão no contexto da Irlanda do Norte, ao observar a maravilhosa capacidade de perdoar dos que sofreram dores e perdas terríveis. E, de fato, contribuí com um livro em homenagem a uma dessas mulheres, Una O'Higgins O'Malley, que é sobre perdão. Ela morreu depois de ter se envolvido muito com a paz e a reconciliação na Irlanda.

BENAZIR BHUTTO

Acredito fortemente no perdão porque sinto que a incapacidade de perdoar nos torna amargas, e me lembro do meu pai me dizendo isto no nosso último encontro na cela, antes de sua morte. Ele disse: "Não quero que meu enforcamento a deixe amarga. Você tem que perdoar e seguir em frente". Senti muita raiva quando ele foi executado, mas o ciclo acabou se fechando quando fui eleita primeira-ministra do Paquistão, porque pareceu que a justiça tinha sido feita. Já vi tanto sofrimento por causa de circunstâncias econômicas ou sociais ou perseguição política, que tenho empatia pelo que as vítimas estão passando. Mas sinto que é preciso tentar mudar as coisas para melhor em vez de deixar a emoção se transformar em raiva.

NATAŠA KANDIĆ

Sinto raiva quando vejo que as vítimas de terrorismo e guerra são sempre as pessoas pobres. Os que têm dinheiro e posição sempre encontram uma forma de escapar. Na "limpeza étnica", são as mulheres e as crianças que se tornam vítimas, que esperam em casa com medo do que vai lhes acontecer e dos soldados, que estão indo matá-las. Não sei o que dizer sobre o perdão. Como podemos conseguir perdoar alguém que mata inocentes, deixa milhares de pessoas sem lar e tira suas identidades?

Pedir aos muçulmanos para perdoar os sérvios pelo que aconteceu na Bósnia e no Kosovo é a abordagem errada, na minha opinião, porque não devemos esquecer o que aconteceu no passado. Temos que tentar lembrar sem ódio e tentar demonstrar respeito pelos outro. Não sei se o perdão é parte desse processo.

> "Se ficamos presas no passado, acredito que destruímos nossa criatividade, destruímos nossa imaginação para fazer as coisas de forma diferente e destruímos nossa paz de espírito."
>
> MAIREAD MAGUIRE

MAIREAD MAGUIRE

Sinto raiva quando vejo injustiça e quando vejo sofrimento desnecessário infligido às pessoas. Sinto raiva quando penso em crianças morrendo de fome. Nós vivemos em um mundo de abundância e, se tivéssemos vontade política, poderíamos aliviar a pobreza. Sinto raiva quando penso em todo o dinheiro sendo desperdiçado com armas nucleares e guerras, que matam muita gente e são um desperdício dos nossos melhores cérebros científicos e um desperdício de vidas humanas. Mas digo para mim mesma que temos que converter nossa raiva em ações positivas e exigir que nosso governo resolva esses problemas.

Acredito apaixonadamente em perdão. Realmente acredito que ele seja a chave para a paz mundial e que, por isso, deveria ser incondicional.

Já vimos muitos atos maravilhosos de perdão aqui na Irlanda. Vou dar um exemplo. Três dos filhos da minha irmã, Ann, foram mortos em 1976, nos conflitos na Irlanda do Norte. Isso aconteceu em um choque entre uma unidade ativa do IRA e o exército britânico. A própria Ann ficou gravemente ferida na época. Depois que ela se recuperou e aprendeu a andar de novo, um de seus primeiro atos foi uma visita compassiva à mãe do jovem do IRA, que estava no incidente, que matou meus sobrinhos. Quando perguntei por que ela fez aquilo, considerando que a mãe nem tinha a mesma posição política que ela e o filho era atirador do IRA, ela disse: "Ela é uma mãe que também perdeu o filho".

Acho esse tipo de perdão e compaixão pelos outros muito necessários se queremos mudar o mundo de hoje. Nós não podemos viver no passado. Se ficamos presas no passado, acredito que destruímos nossa criatividade, destruímos nossa imaginação para fazer as coisas de forma diferente e destruímos nossa paz de espírito.

ISABEL ALLENDE

Sinto raiva de abuso de poder e do poder para abusar. Sinto raiva da forma como as mulheres e crianças são tratadas na maior parte do mundo. E sinto raiva de fundamentalistas e fanáticos que tentam impor aquilo que eles acreditam aos outros.

Sim, eu acredito em perdão, mas acho que é importante não esquecer, para que os mesmos erros não se repitam. O perdão e a reconciliação começam com a verdade.

CHRISTIANE AMANPOUR

O que provoca raiva em mim são crueldade, injustiça, racismo e intolerância sem-fim. Só acredito em perdão em algumas situações. Acho que alguns crimes são tão graves que nunca podem ser perdoados. Por outro lado, também acredito em aceitação, compreensão e em seguir em frente, mas acho que, às vezes, não dá para perdoar e esquecer alguns dos piores crimes e injustiças.

MARIE COLVIN

A crueldade e as pessoas que não reconhecem os outros como seres humanos iguais a elas me deixam furiosa.

Tive que aguentar ver uma pessoa como Saddam Hussein em um tribunal, com raiva, sem vergonha nenhuma e sem remorso por ter o sangue de centenas de milhares de pessoas nas mãos. O que ele fez não tem desculpa. Se eu o perdoaria por tudo o que ele fez? Não. Acho que ele não merece perdão.

> "Acho que alguns crimes são tão graves que nunca podem ser perdoados."
>
> CHRISTIANE AMANPOUR

MARY MCALEESE

O *bullying* é a coisa que mais me dá raiva. Qualquer tipo de *bullying*, desde o do nível infantil, passando pelo institucional e pelo nacional, cometido por governos, até escalão de nível macro como imperialismo e colonialismo. Também o socialismo, o comunismo, todas essas coisas que tentam forçar e intimidar as pessoas para que se definam em estereótipos, em caixinhas, que tentam roubar sua identidade, o que são e o que querem ser.

Não acho difícil perdoar. É uma disciplina que observei na minha própria casa. Tenho muita sorte porque sofro de amnésia quase instantânea em termos de insultos e mágoas. Não guardo nada. Não tenho um lugar dentro de mim para isso como existe em um computador, aquele limbo em que, por mais que seja apagado, o dado está sempre lá para ser recuperado vinte anos depois. Sou muito grata por isso, porque conheci tanta gente na vida tão sufocada pela amargura que sua alegria do presente e do futuro não conseguia florescer. Eu não conseguiria viver assim. Não que eu não tenha sofrido muito durante os conflitos. Houve tentativas de assassinato contra a minha família. Perdi muitos bons amigos, e estou falando de pessoas honestas, maravilhosas, e a amargura teve muitas oportunidades para se instalar se tivesse permitido. As pessoas falam em encerramento, e acho que entendo o que querem dizer. Acho que é muito importante que as gerações se lembrem do custo de tudo isso, das vidas humanas, para que não voltem facilmente aos conflitos.

Sei pela sabedoria dos anos vividos que, quando soltamos a fera, quando paramos de ouvir uns aos outros, ele vira um animal descontrolado, totalmente descontrolado. E para tentar colocá-lo sob nosso controle de novo... Bom, nós levamos quarenta anos aqui, tivemos quatro mil pessoas mortas e não sei quantas outras milhares de pessoas foram feridas e mutiladas física e emocionalmente. Por isso, acho que lembrar é importante.

DAGMAR HAVLOVÁ

Sou levada à raiva pela minha falta de cuidado e pelas minhas características negativas, nas quais estou trabalhando, mas que sempre ressurgem quando menos espero.

A raiva é uma dessas características negativas e também é uma incapacidade de me controlar. A violência, a xenofobia e a deslealdade nas pessoas me dão raiva, e também odeio quando alguém mente. A única vez que dei um tapa na minha filha foi quando ela mentiu para mim. Mas, sim, acredito em perdão.

MARY KAYITESI BLEWITT

A falta de justiça me dá raiva, a sensação de que coisas terríveis foram feitas com impunidade. Os ruandeses vivem ouvindo que deviam se reconciliar e perdoar uns aos outros. Mas, sem justiça, o genocídio poderia acontecer de novo. Não consigo perdoar as atrocidades em Ruanda e Darfur e o mundo por ter se eximido de responsabilidade enquanto minha família era morta. Há tantos a perdoar. Tantos níveis diferentes de perdão. Se meu vizinho me procurasse e dissesse: "Me desculpe, matei seu irmão", nós poderíamos conversar. Com tempo para pensar, absorver, viver com a questão, passar pelo processo de cura, eu acabaria encontrando o perdão em mim. Mas não sei quem matou meu pai, quem matou minha irmã e nem quem matou meu vizinho. Preciso pensar nessas pessoas e lidar com elas uma de cada vez. Além de todo esse perdão cristão, devemos nos concentrar em justiça. Ninguém está olhando para as causas de todas essas atrocidades nem pensando em encontrar e punir os criminosos. Temos que impedir esses horrores.

MARTHA LANE FOX

Fico logo impaciente com as coisas, mas não é comum que sinta raiva. Pessoas que fazem suposições ignorantes costumam me deixar irritada. Injustiças também afetam meu humor. Além disso, desigualdades em nível de riqueza e de justiça... E se rebelar assim parece muito nobre, mas acho que não sou uma pessoa muito descontrolada. Acredito em perdão. Acho ruim e triste guardar ressentimentos e sentimentos de ódio contra as pessoas. No entanto, admito que, se eu tivesse um filho que foi assassinado ou algo horrendo do tipo, seria bem diferente. Eu só esperaria conseguir encontrar o perdão em mim em algum momento.

HANAN ASHRAWI

A injustiça me irrita, a injustiça deliberada e intencional, que está acontecendo persistentemente na Palestina com uma nação inteira, um povo inteiro. Não é só uma questão política, para mim, é uma questão pessoal e humana, uma questão de valores e moralidade. Claro que acredito em perdão, mas tem que haver uma condição: reconhecimento de culpa. Tenho a sensação de que a crueldade persistente só pode ser perdoada quando acaba. Quando as pessoas admitem sua culpa, quando demonstram vontade de parar, claro que o perdão tem que vir em seguida.

SHAMI CHAKRABARTI

Talvez seja depois de sentir raiva que eu mais precise de perdão. O que provoca raiva em mim? Obviamente, vou responder injustiça. Complacência, insensibilidade, negligência, desonestidade, mas talvez a complacência mais do que tudo. As pessoas que acham que nasceram para mandar e não percebem, como é possível que já tenham percebido no passado, o privilégio e a responsabilidade incrível que acompanham o poder. Mas acredito em perdão porque nós todos podemos nos redimir. Não acredito que somos inerentemente bons ou maus. Coisas boas e ruins acontecem no mundo, muitas vezes causadas por seres humanos. E acho que todos temos potencial. Talvez seja disso que minha crença nos direitos humanos venha.

> "Não posso mudar o que aconteceu comigo,
> mas posso mudar o que faço sobre isso."
>
> KIM PHUC

KIM PHUC

Tudo me deixava com raiva porque eu sempre me perguntava: "Por que eu? Por que começaram uma guerra e me fizeram sofrer?". Eu tentava sorrir e seguir em frente, ser positiva, mas, lá no fundo do meu coração, vivia com ódio. Eu odiava todo mundo porque eu não era normal. Sabia que o perdão era bom para mim, mas não era capaz de perdoar na época... Só em 1982, quando me tornei cristã. Pedi a Deus para me ajudar, porque eu não era capaz sozinha. Como poderia amar meus inimigos? Como poderia perdoá-los? Meu coração parecia uma xícara de café amargo que tinha que jogar fora todos os dias, junto com minha própria escuridão, meu ódio e minha amargura, minha dor, minha raiva. Aprendi a jogar fora um pouco disso todos os dias, até a xícara estar vazia. Deus encheu então minha xícara de amor e perdão, e foi nesse momento que senti que meu coração estava completamente curado. Não posso mudar o que aconteceu comigo, mas posso mudar o que faço sobre isso. Estou aprendendo a perdoar todas as pessoas que causaram meu sofrimento. Não sei seus nomes. Só digo: "Rezo pelo piloto, rezo pelo homem que mandou jogar a bomba". Eu segui em frente.

CARLA DEL PONTE

Sinto mais raiva de gente que mente. Sim, acredito em perdão, mas a justiça precisa vir antes do perdão, na sequência correta. Por exemplo, é difícil esperar que vítimas dos conflitos armados nos Balcãs ou na África perdoem seus opressores enquanto ainda estão no processo de obter justiça. É cedo demais para recomeçar e dizer que é para esquecer o que aconteceu. A reconciliação é importante, mas a justiça vem primeiro.

JUNG CHANG

Enquanto estava escrevendo a biografia de Mao, eu sentia muita raiva ou fúria pelo que ele fez com o nosso povo. Ele foi responsável por setenta milhões de mortes, mas hoje seu retrato ainda é exibido na praça Tiananmen, e seu cadáver ainda está sendo exposto à adoração das pessoas. Acredito em perdão, acontece que aqui estamos falando do mal em uma escala gigantesca. Ano passado, quando voltei à China, fui aos túmulos do meu pai e da minha avó junto com a minha mãe. Ela costuma ser calma e otimista, mas começou a chorar de forma incontrolável, e pensei em todas as dezenas de milhões de outras vítimas e suas famílias. Perto do fim da vida de Mao, sua maior emoção era a autopiedade, ele vivia chorando porque achava que não tinha conseguido sucesso na vida. No entanto, nunca derramou uma lágrima pelas pessoas que foram executadas ou perseguidas e até se suicidarem no seu governo. Ele foi impiedoso com seu povo. Não consigo perdoá-lo nunca.

> "Mao nunca derramou uma lágrima pelas pessoas que foram executadas ou perseguidas e até se suicidarem no seu governo. Ele foi impiedoso com seu povo. Não consigo perdoá-lo nunca."
>
> JUNG CHANG

JOAN BAEZ

Pessoas cabeças-duras, que são inteligentes o bastante para não serem estúpidas, me irritam. Mas recebo o perdão de braços abertos. Acho que não podemos ser inteiras sem ele.

SHIRIN EBADI

O que me dá mais raiva é falar com pessoas que fecharam os olhos para a realidade da vida e que são preconceituosas. Quando tenho contato com gente assim, sinto raiva, mas aprendi que não adianta falar com essas pessoas. Quando as encontro, tenho que ir embora.

Mas acredito em perdão, e é por isso que sou contra a pena de morte.

> "Recebo o perdão de braços abertos.
> Acho que não podemos ser inteiras sem ele."
>
> JOAN BAEZ

TRACEY EMIN

Uns doze anos atrás, passei a ter uma raiva especial por causa do HIV e da AIDS. Acho que muita gente na sociedade ocidental considera a pandemia de AIDS na África uma coisa muito distante. Sinto raiva que não se faça nada sobre isso. Posso doar uma obra para a caridade que ainda vão vendê-la por 200 mil libras, mas as organizações beneficentes para a AIDS com as quais estou envolvida, como a *Elton John AIDS Foundation* e a *Terrence Higgins Trust*, vão usar esse dinheiro para ações imediatas. Parece que outros programas de combate à AIDS demoram mais para fazer a diferença.

Não sei se seria capaz de perdoar alguém que matasse um filho meu. Já consegui mudar as coisas em termos de perdoar pessoas que me fizeram algum mal. Fui estuprada e sofri abusos sexuais quando criança, mas perdoo as pessoas que cometeram esses crimes porque, se não as perdoasse, eu não conseguiria seguir em frente. Consegui fazer isso por meio do meu trabalho, usando esses eventos na minha vida e trabalhando com eles. Mas é muito, muito difícil esquecer. É um clichê meio brega o de perdoar sem esquecer, mas é bem verdade.

PAULA REGO

O jeito como as mulheres são tratadas, a injustiça de certos regimes e como tratam as mulheres me deixam com muita raiva. Vi tudo isso acontecer em Portugal quando eu era jovem e foram tantos anos até vermos qualquer tipo de igualdade... Se pudermos chamar assim. Mesmo agora, ainda tenho dúvidas. Acredito em perdão, mas acho que só dá para perdoar se for uma coisa que aconteceu com você. Não se pode perdoar uma coisa que aconteceu com outra pessoa.

SOLEDAD O'BRIEN

Não gosto que mintam para mim em uma entrevista. Mas é muito difícil me deixar com raiva. Tenho o tipo de trabalho em que se vê muitas coisas difíceis e se vive pela vida de outras pessoas e se sente algumas das dificuldades que elas passaram. É difícil não me sentir idiota em ter raiva de uma coisa pequena, como um secador de cabelo quebrado. Acredito em perdão. É como despachar a mala em vez de carregar uma bagagem na cabeça por muito tempo. De certa forma, é uma coisa quase egoísta de se fazer. Fico feliz em perdoar as pessoas e seguir em frente.

WANGARI MAATHAI

O egoísmo e a falta de boa vontade para dar chance aos outros é uma coisa que acho muito irritante. Acredito em perdão, claro, nós todos temos que aprender a perdoar. Nós todos cometemos erros e não dá para ficar em paz sem perdoar.

KATHY KELLY

Não acho que a raiva seja um elemento ruim na busca pela paz, mas é melhor tentar canalizar nossa raiva pela guerra, pela injustiça e pela crueldade para criar um conjunto de circunstâncias bem diferente. Passei um ano na prisão e concluí que as mulheres presas não ameaçavam a sociedade tanto quanto as pessoas que constroem armas nucleares e de destruição em massa, pessoas que destroem a camada de ozônio ainda mais, pessoas que contribuem com nossos desastres ambientais, dando continuidade a um consumo viciante dos combustíveis fósseis do mundo. São essas coisas que deveriam nos apavorar, que são as maiores ameaças reais à sobrevivência e à vida decente das pessoas no futuro. Mas acho que não vamos solucionar esses problemas reagindo a eles com raiva, apenas se canalizarmos essa raiva em abordagens criativas, produtivas e reflexivas. Às vezes, temos que ir mais devagar, respirar fundo e sentir a raiva integralmente, para depois tentar alcançar uma perspectiva reflexiva e esperançosa sobre o que podemos fazer de diferente.

MARION COTILLARD

Pessoas que não assumem suas responsabilidades me dão raiva. E a divisão desigual de riquezas e recursos. Mas acredito em perdão. Quando perdoamos, nos permitimos ficar em paz.

LOUISE RIDLEY

Sexismo. E, sim.

JODY WILLIAMS

Sou alimentada pela raiva contra injustiças, desigualdades. Se a raiva me faz levantar da cadeira e agir, isso é mais poder para mim. Não vou me acomodar à passividade. Uma vez, tive uma discussão séria com outro laureado do Nobel e senti muita raiva. O Dalai Lama estava perto. Depois, ele se aproximou, e falei: "Vossa Santidade, lamento muito, mas não consegui me segurar, eu estava com raiva". Ele só encostou a mão em mim e disse: "Jody, não tem nada errado com a raiva justa. Às vezes, a raiva justa é a única resposta certa". Portanto, para todos que acham que a raiva é errada, que se fodam. Essa palavra (foder) ficou popular quando a Guerra do Vietnã estava em andamento e se tornou meu substantivo, meu verbo, meu adjetivo e meu advérbio, e tive muita dificuldade em recuperar meu vocabulário integral. É uma palavra muito expressiva.

Perdão é difícil. Por exemplo, uma amiga muito próxima foi estuprada por dois homens na Espanha. Eles urinaram nela e a jogaram nua na rua. Durante anos, quis ir atrás deles e castrá-los, mas aí me dei conta de que só estava descendo ao nível deles. Eu os perdoo? Duvido, mas parei de querer fazer alguma coisa com eles.

> "Se a raiva me faz levantar da cadeira
> e agir, isso é mais poder para mim.
> Não vou me acomodar à passividade."
>
> JODY WILLIAMS

TANNI GREY-THOMPSON

Muitas coisas me dão raiva, como pessoas que são cruéis com crianças. Há coisas que sou capaz de perdoar e outras que não.

ZOË SALLIS

Tenho uma escala móvel: quando as pessoas são desagradáveis ou cruéis, sou capaz de tolerar, mas tem coisas, como a crueldade dirigida às crianças, que considero imperdoáveis.

PALOMA PICASSO

Nunca sinto raiva. Quando me chateio, guardo o sentimento e não demonstro. Basicamente, não sou de me ressentir. Acho que o ressentimento não cura nada. Ao contrário, é o perdão que faz isso. É melhor seguir em frente e procurar viver situações melhores com pessoas melhores, e ignorar as que nos incomodam ou machucam.

> "Guardar ressentimentos acaba sendo mais pesado do que o ato de perdoar."
>
> JUDI DENCH

JUDI DENCH

A apatia me dá muita raiva. Odeio a atitude de não se importar. Também não gosto de pessoas que não dão o devido valor às coisas. E o lixo no chão também me dá muita raiva. Em Londres, ando por algumas ruas e me pergunto o que os visitantes pensam quando chegam e veem as pessoas que moram aqui tratando tão mal a cidade. Mas, sim, acredito em perdão.

Guardar ressentimentos acaba sendo mais pesado do que o ato de perdoar. Suga muito nossa energia. É como a inveja. Se uma pessoa sente muita inveja, muita energia lhe é sugada.

4

VOCÊ ACHA QUE UM DIA VAI HAVER IGUALDADE, O FIM DA POBREZA E DA INJUSTIÇA?

MAYA ANGELOU

Acredito que podemos chegar a todas essas coisas, mas vai levar muito tempo. Séculos e séculos. Lembre que somos o grupo mais recente, nós ficamos de pé, continuamos de pé, em oposição à gravidade, decidimos não comer nossos deliciosos irmãos e irmãs, mas sim conceder certos direitos a eles. E, depois, indo mais longe, tentamos amá-los, o que quer que isso signifique. Isso só em poucos milhões de anos. Agora, temos a chance, se não nos matarmos primeiro, de alcançar um equilíbrio, de exercer um pouco mais a bondade do que a maldade.

ANN LESLIE

Podemos nos livrar da pobreza absoluta, mas não da pobreza relativa. Por exemplo, os pobres na Inglaterra, que têm televisões, máquinas de lavar, computadores, DVDs e celulares, são, sem sombra de dúvida, fantasticamente ricos em comparação a pessoas que vi passando fome no continente africano e na Coreia do Norte. É possível aliviar a pobreza se pudermos parar as guerras. As guerras e a corrupção são as causas principais da pobreza neste mundo, bem mais do que a seca e os desastres naturais. A democracia ajuda. Quanto mais bem governado, mais responsável um país é com os cidadãos e mais poder tem para aliviar a pobreza causada por desastres naturais.

JANE FONDA

Mesmo que não possa ser eliminada, a pobreza pode ser muito reduzida. Para isso, muito na natureza humana precisa mudar. E acredito que a natureza humana é mais determinada pela estrutura social e pelas instituições do que a maioria das pessoas admite. Governos que cuidam do povo por instituições sociais podem ajudar a minimizar a violência, o cinismo e o sentimento de alienação que tanta gente tem hoje. Achei muito interessante que isso tenha aparecido no documentário *Tiros em Columbine*, do Michael Morre, que abordou a violência. O Canadá, bem ao nosso lado, tem mais armas per capita do que nós, e os canadenses assistem aos mesmos vídeos violentos, mas não trancam as portas e não têm o mesmo problema de violência. Acredito que seja porque suas instituições governamentais, locais e nacionais, cuidam das pessoas. Não como caridade, mas de uma forma que lhes garante dignidade.

Sempre digo que não queremos curativos nem redes de segurança, nós queremos trampolins e escadas. Governos que oferecem trampolins e escadas terão cidadãos diferentes. Fiz um filme na Noruega chamado *The Dolphin*, e usamos centenas de habitantes em algumas das cenas. Ao ouvi-los e falar com eles, pensei que tem algo de especial naquelas pessoas, não há melindres, há uma certa paz nelas. Percebi que era por causa das estruturas sociais e da forma como são governadas.

YOKO ONO

Igualdade não é o que procuro. Eu gostaria de ver todas as pessoas conquistarem seus sonhos. Seus sonhos podem não torná-las iguais.

KATHY KELLY

Acho que podemos chegar a um ponto em que compartilharíamos recursos para que, em vez de dizer: "Os pobres estão sempre conosco", pudéssemos falar: "Não haverá pobres entre nós". Já vimos o fim do escravagismo e podemos ao menos dizer que não estamos comprando e vendendo seres humanos, como era feito nos Estados Unidos, quando os donos de engenho ricos negociavam escravos da mesma forma que se podia negociar carteiras do mercado de ações. E há outras coisas que chegaram ao fim. Não vemos mais mulheres excluídas de votar e não temos segregação. Países como a Índia me dão muita esperança. Há um movimento muito vibrante lá para garantir que todas as crianças indianas possam ter acesso à merenda escolar. E outro que insiste em pelo menos cem dias de trabalho pago para cada adulto indiano em idade de trabalhar.

> "Igualdade não é o que procuro.
> Eu gostaria de ver todas as pessoas
> conquistarem seus sonhos. Seus sonhos
> podem não torná-las iguais."
>
> YOKO ONO

BENAZIR BHUTTO

Sou otimista. Sempre achei que nós, seres humanos, podemos trabalhar juntos e criar um mundo melhor. Quando o Muro de Berlim caiu, claro que fiquei muito animada e achei que teríamos um dividendo de paz e que todos os fundos que estavam sendo gastos na corrida armamentista seriam direcionados ao alívio da pobreza. Bom, isso não aconteceu, e agora entramos na era do terrorismo. Mas continuo convencida de que, se trabalharmos juntos, podemos ajudar a reduzir a pobreza. Dá para ver que existe uma consciência sobre a necessidade dos ricos contribuírem com os menos afortunados. Também acredito, no caso do Paquistão, que, ao investir em educação, podemos ajudar a equipar a nova geração com ferramentas para construir uma vida melhor.

ZOË SALLIS

MARY MCALEESE

Começo do princípio de que somos todos iguais. Mas somos tratados igualmente? Essa é a diferença. Não acho que estejamos no processo de descobrir a igualdade. Acho que estamos no processo de descobrir o que acontece quando não tratamos as pessoas igualmente, como se diminui toda a família humana ao fazer isso, e acredito que estejamos em uma jornada. Vejo a União Europeia como parte e parcela dessa jornada para o reconhecimento de que a igualdade e os direitos humanos de todos os seres são importantes. É um dos motivos para eu ser uma apoiadora tão veemente do conceito e da visão no coração da União Europeia. E é uma visão que acho muito compartilhável por todo o mundo.

Se eu acredito que haverá um fim para a pobreza? Sim, porque nós temos os recursos necessários para acabar com as coisas que diminuem o indivíduo. Vejo o que já conseguimos obter em um tempo relativamente curto na Irlanda. Meus avós viviam em uma economia de subsistência; quando a eletricidade chegou, eles não tiveram acesso porque não conseguiram `ter dinheiro para pagar uma conta mensal, porque não tinham renda nenhuma, além de vender uma vaca aqui e outra ali. Por isso, entendo bem a estrutura da pobreza. Ainda assim, aos poucos, pudemos lidar com a questão depois que conquistamos a independência. Ainda não chegamos lá, mas, nesta geração, estamos bem mais perto de tratar as pessoas com igualdade e dar a elas mais oportunidades iguais do que jamais estivemos. As pessoas no Lesoto e em Honduras não são diferentes: elas querem o melhor para seus filhos. Nós precisamos unir nossa imaginação coletiva, nossa vontade e nosso sentimento de responsabilidade para suportar questões relacionadas à pobreza e à desigualdade, e estamos começando a fazer isso.

JODY WILLIAMS

A pobreza é um desses problemas intratáveis desde sempre. Acho que devemos dizer: "Sim, acredito que vá existir um mundo perfeito um dia". Para entender isso, temos que parar de ver o mundo em termos de nação individual e pensar na segurança do planeta todo. Mas essa é uma das coisas em que trabalho: segurança humana, e não a segurança nacional. Não tem como todo mundo ser igual. Existe possibilidade de justiça perante à lei, de atenção às necessidades das pessoas, como moradia, educação, saúde e o direito das crianças à educação. Mas como essas necessidades podem ser atendidas se 20% do planeta controla 80% dos recursos? Só quando as pessoas entenderem isso e cederem um pouco é que poderemos melhorar o mundo. Prefiro ter um interesse pessoal iluminado do que o que temos agora.

> "O que está em jogo é o nosso legado
> e os nossos filhos, e, se amamos nossos filhos,
> temos que começar a pensar de um jeito
> sustentável no longo prazo."
>
> SEVERN CULLIS-SUZUKI

SEVERN CULLIS-SUZUKI

Sempre vai haver injustiça. Sempre vai haver um lado humano de ser humano, o que significa que não somos perfeitos, e sempre vai haver algum tipo de luta. As forças do bem e do mal, yin e yang, ou como você queira chamar, sempre lutam entre si. No entanto, acho que estamos em um desequilíbrio, em que as nações ricas estão destruindo e consumindo a maioria dos recursos do mundo de uma forma que vai fazer o restante sofrer.
As mudanças climáticas são um exemplo perfeito disso. Portanto, há coisas importantes que precisam ser equilibradas. O que está em jogo é o nosso legado e os nossos filhos, e, se amamos nosso filhos, temos que começar a pensar de um jeito sustentável no longo prazo. Acho que vamos provocar uma reviravolta em termos de sustentabilidade ecológica, mas estou com medo do custo humano enorme que essa ação pode ter, porque ainda não há urgência de cuidar dos países que já estão sofrendo com as mudanças climáticas.

SHAMI CHAKRABARTI

Depende do que você quer dizer com igualdade. É difícil imaginar igualdade perfeita, mas acho que é possível alcançar extremos menores de riqueza e pobreza no mundo.
Acho que não precisamos ver a fotos que vemos dos países em desenvolvimento — de algumas partes do continente africano especificamente. Isso é perfeitamente solucionável no

tempo que ainda tenho de vida, ou no tempo de vida do meu filho. O que nos falta é vontade política em um nível mais elevado, há uma falta de esforço concentrado da parte dos governos e das instituições que são ainda maiores do que governos. Mas acho que há potencial, e acho que é perfeitamente viável que exista muito menos pobreza absoluta no mundo, muito menos mortalidade e doenças infantis. Se olharmos para a Inglaterra ou para a Europa Ocidental, não foi muitas décadas atrás que havia mortalidade e doenças infantis em uma escala impressionante.

No entanto, houve progressos. Não temos uma sociedade perfeita na Inglaterra, contudo, no que diz respeito à pobreza absoluta, não há mais crianças morrendo de febre tifoide nas ruas de Londres. E não há motivo inerente para que países como a Inglaterra e outros pares europeus não possam assumir mais responsabilidade pelas crianças dos outros povos.

PALOMA PICASSO

Não acho que seja possível alcançar a igualdade e a justiça para todos, apesar de achar que sim quando era mais nova. Nós podemos mudar o mundo em pequena escala, mas, pelo que já vi, não podemos esperar que as coisas fiquem melhores como um todo.

Algumas pessoas vão ficar melhores e outras vão ficar iguais ou piores. Não que eu seja pessimista, só acho que devemos fazer o que pudermos para ajudar os outros, mas não ficar decepcionados se os outros não fizerem o mesmo.

SWANEE HUNT

A injustiça começa no espírito humano. Acho que vem da insegurança. É como o ditado judeu que vi no Museu do Holocausto de Washington, que dizia mais ou menos assim: "O preconceito renasce em cada criança". A insegurança que leva à ganância também renasce em cada criança, e a única forma de superá-la é com uma infância perfeita e acolhedora. Infelizmente, isso nunca vai ser possível para todos.

SHIRIN EBADI

Claro que sonho com todas as pessoas tendo a mesma riqueza, mas sei que os sonhos podem não se tornar realidade. O que sei que pode se tornar realidade é a erradicação da pobreza extrema. Mais de um bilhão de pessoas do mundo vivem com menos de um dólar por dia e aproximadamente 80% da riqueza do mundo pertence a 1% da população. A comida desperdiçada por restaurantes nos Estados Unidos e na Europa poderia erradicar a fome. O orçamento militar dos Estados Unidos já passou de seiscentos bilhões de dólares, e nós sabemos o que poderia ser feito com essa quantia toda.

JOAN BAEZ

Eu acho que há igualdade na humanidade. Mas é provável que não haja fim para a injustiça e a pobreza.

MARY KAYITESI BLEWITT

A pobreza é relativa. É possível que alguém seja muito rico, mas cometa suicídio por sentir falta do amor. Eu não tinha nada quando era pequena. Em casa, não tínhamos dinheiro nem conta no banco, mas éramos muito felizes. Por isso, o amor é tudo para mim, e acho que o carinho, o apoio dos parentes, dos vizinhos, são o que realmente importa. É possível seguir em frente mesmo não tendo casa e passando fome. Mas existir igualdade mundial? Acho que isso não é totalmente possível. Tem ambição demais no mundo. É da natureza humana competir. Não vejo como uma coisa ruim, mas acho que a competição precisa ser saudável. Não sei se o Ocidente quer dar aos países em desenvolvimento o livre comércio para que possamos ter uma competição real. Isso é a coisa concreta, e acho que não vai acontecer ao longo da minha vida. Vai demorar muito tempo para Ruanda chegar aonde os Estados Unidos estão.

> "Igualdade mundial? Acho que não.
> Existe ambição demais."
>
> MARY KAYITESI BLEWITT

KATE CLINTON

Preciso achar que acredito em igualdade. Era Che Guevara que dizia que o otimismo é a verdadeira arma do revolucionário?

Acho que tenho muito mais confiança na bondade natural das pessoas do que no tipo de teocracia que vejo em minha volta. Há essa crença de que nascemos pecadores. Não acredito nisso e tenho fé na bondade. Acho que lutamos contra a voracidade do capitalismo, que se baseia em tratar certas pessoas apenas como engrenagens da máquina, pessoas que não têm direito a um salário justo e menos ainda a boas condições básicas de vida. Infelizmente, os últimos dez ou quinze anos parecem ter tornado a desigualdade uma ideia global.

LOUISE RIDLEY

Acho que não veremos o fim da pobreza e da injustiça, nem uma igualdade completa de todos os tipos. Isso não quer dizer que não tenha havido saltos enormes e inimagináveis em poucas gerações. Eu recomendaria o livro *Factfulness*, de Hans Rosling, para todo mundo, como uma fonte incrível de informação sobre como o mundo está um lugar mais saudável, igualitário e seguro do que algumas décadas atrás. Estatísticas como quantas garotas no mundo todo agora estudam e quantas pessoas recebem vacinas contra doenças fatais são sempre subestimadas e mal-interpretadas nas pesquisas. Mas é algo em que o mundo tem que continuar trabalhando.

> "Lutamos contra a voracidade do capitalismo, que se baseia em tratar certas pessoas apenas como

engrenagens da máquina, pessoas
que não têm direito a um salário justo e
menos ainda a boas condições
básicas de vida."

KATE CLINTON

TRACEY EMIN

Nunca haverá igualdade. Sempre vai haver pobreza e injustiça. O que deveríamos fazer é diminuir todos esses problemas que já existem. Garantir direitos, como saúde, alimentação, água e principalmente educação. Há muitos problemas que poderiam ser resolvidos pela educação. Abri uma biblioteca em Uganda e foi fantástico. Muitas vezes, tudo o que mais precisamos para fazer com que algo dê certo, é de iniciativa e uma boa instituição beneficente com pé no chão, capaz de fazer a roda girar. Quando era estudante do Royal College of Art, eu andava pelo campus pedindo doações de moedas e coletei umas trezentas libras para dar à Cruz Vermelha para a vacinação de crianças no Sudão. Me lembro da sensação que senti quando consegui. Eu pensei "Viva! São seiscentas vacinas". Dá para fazer isso.

ISABEL ALLENDE

Não acho que nem eu nem meus netos viveremos para ver a igualdade no mundo, mas temos que tentar. Se não começarmos a sonhar com um mundo justo, como poderemos chegar nele? Houve uma época em que a humanidade acreditava que o escravagismo era a única forma de se fazer trabalho árduo, e poucas pessoas conseguiam considerar seu fim. Mas conseguimos… Quase. É preciso um número crítico de pessoas para movimentar a balança e fazer mudanças profundas, mas é possível.

MARTHA LANE FOX

Adoraria pensar que pode haver fim para esses problemas, mas, sinceramente, não acho possível. As enormes diferenças entre os ambientes das pessoas sempre vão, em grande medida, criar disparidades econômicas ou de outros aspectos. No entanto, isso não quer dizer que não devemos estar todos tentando acabar com a desigualdade ao nosso redor, seja racismo, machismo, desigualdade econômica ou o que for.

NATAŠA KANDIĆ

Não acredito que as pessoas possam ser realmente iguais. Muita gente trabalha e luta por uma vida melhor para todos, por comida e educação para todas as crianças. Entretanto, não vejo como seria possível que todas as pessoas do mundo tivessem o mesmo acesso a comida e justiça e ficassem livres do medo. Acho que não há energia suficiente para isso nem vontade suficiente, talvez.

JUNG CHANG

Conhecendo a natureza humana, fica difícil imaginar que a verdadeira igualdade e justiça podem ser alcançadas por todo o mundo, mas acho que pode haver um fim para a pobreza um dia. Muitos de nós achávamos que os avanços tecnológicos e científicos tornariam a pobreza coisa do passado, mas isso não aconteceu ainda. Entretanto, agora que o mundo está mais atento, acho que a pobreza pode ser resolvida em um futuro não muito distante. Não acredito que a injustiça possa acabar enquanto as pessoas forem como são.

WANGARI MAATHAI

Acho que a possibilidade de igualdade é uma questão muito importante, porque quer dizer que, antes de acontecer, a humanidade teria que dar uma olhada no fundo da alma e decidir entender e adotar a ideia da verdadeira igualdade entre as pessoas. Muitos dos motivos por trás das guerras têm a ver com a falta de disposição de compartilhar e praticar justiça, e essa é uma característica muito comum dos seres humanos de toda parte. Nós temos que aprender que é bem melhor sermos justos.

    O egoísmo e a ganância levam a injustiças contra outros seres humanos e, eu acrescentaria, contra outras espécies também. Valores precisam ser aprendidos, não nos ocorrem naturalmente. Nós progredimos muito como família humana, mas ainda temos um longo caminho a percorrer.

MAIREAD MAGUIRE

Acredito que podemos criar justiça e igualdade, sim. Desde a Segunda Guerra Mundial, nós construímos um corpo de leis, a Declaração Universal dos Direitos Humanos, para sustentar a dignidade humana de cada homem, mulher e criança deste planeta. Nós temos o Movimento Feminista, o Movimento pelos Direitos Humanos, o Movimento pelo Livre Comércio, o Movimento Ambiental... Eu poderia continuar por muito tempo.

As pessoas estão dizendo: "Nós queremos um mundo diferente. Queremos igualdade, justiça, e queremos fazer isso de uma forma não violenta". Há uma tremenda consciência entre as pessoas comuns, mas, infelizmente, as vozes dessas pessoas não estão conseguindo alcançar líderes políticos suficientes ao redor do mundo. E não podemos permitir que nossos governos deixem essas leis internacionais de lado conforme sua vontade, que botem em perigo as vidas de milhões de pessoas e permitam a mortandade que vemos em lugares como a Chechênia, o Iraque e a Palestina. Temos modelos como a Irlanda do Norte e a África do Sul, onde as pessoas demonstraram que há uma alternativa ao militarismo e à guerra, e queremos que esses modelos sejam usados.

TANNI GREY-THOMPSON

Acho que sou uma eterna otimista. Acho que acredito que um dia o mundo será melhor e todos serão iguais, porque, se eu não acreditasse nisso, não sei bem qual seria o sentido da minha vida.

CARLA DEL PONTE

Sabe, a igualdade é um sonho, um sonho que acho praticamente impossível de alcançar. Claro que acredito que temos que continuar trabalhando para conquistar igualdade e continuar seguindo na direção certa. Não podemos simplesmente aceitar as desigualdades do nosso mundo sem fazer nada, temos que lutar contra elas. Mas é tão difícil e provavelmente nunca chegaremos lá.

Ao mesmo tempo, temos que manter a esperança de que a paz será realidade um dia. Muitas pessoas são criminosas, mas isso não quer dizer que devemos desistir de lutar para impedir os crimes.

MARY ROBINSON

Podemos acabar com as injustiças se cumprirmos os itens da Declaração Universal dos Direitos Humanos. Esse deveria ser o meio pelo qual ordenamos e regulamos nossas vidas como seres humanos. Estive envolvida na preparação do 60º aniversário da Declaração, em 2008, e em tentar espalhar a força da sua mensagem: de que todos os seres humanos nascem livres e iguais em dignidade e direitos e que todo o resto parte disso.

ZOË SALLIS

SOLEDAD O'BRIEN

Sou realista: não tenho grandes esperanças sobre o fim das injustiças. Mas podemos fazer uma grande mudança na pobreza, se tentarmos. E acho que as pessoas estão começando a querer fazer isso.

MARIE COLVIN

Nosso objetivo não pode ser tornar todo mundo como nós, mas criar um mundo em que as pessoas possam viver como realmente querem. Acho que há uma possibilidade de as pessoas serem capazes de ter sua própria cultura e ser diferentes sem se matarem. Não quero que todos sejam iguais. Os Estados Unidos, como superpotência, podem impor praticamente qualquer coisa, por meio da força, de ameaças ou até de lavagem cerebral, mas nosso objetivo não deve ser fazer todo mundo viver como nós. Não é uma questão de cultura nem de sistema político, democracia, comunismo, o que seja. O principal é que todos tenham acesso à justiça e ao Estado de Direito.

HANAN ASHRAWI

Eu não diria que podemos alcançar uma utopia em que tudo seja justo e lindo. A igualdade é uma coisa pela qual lutamos: paridade, justiça, uma sensação de jogo limpo. Não quer dizer que vamos chegar à igualdade perfeita, mas é um objetivo válido e um ideal, uma ferramenta que pode governar e guiar nosso comportamento, nossa atitude. De certa maneira, guia nossos relacionamentos, guia a forma como tomamos decisões e a forma como nos vemos e vemos os outros e nossos relacionamentos com os outros. Acaba se tornando um gatilho para a ação contra a discriminação, a exclusão ou as disparidades, injustiças e crueldades.

Há uma responsabilidade de acabar com o sofrimento e tentar tornar este mundo um lugar melhor da forma modesta que for possível.

> "Não suporto ver pessoas que se permitem ser manipuladas quando têm liberdade para não o ser. É uma fraqueza perigosa."
>
> MARION COTILLARD

MARION COTILLARD

Acredito que ainda estamos muito longe do amor, do compartilhamento e da ajuda. Sou uma pessoa muito otimista e tenho fé na humanidade, mas confesso que sinto desespero em alguns dias. Odeio a forma como alguns governam e manipulam o mundo, botando o dinheiro e o lucro à frente das questões humanitárias. Não suporto ver pessoas que se permitem ser manipuladas quando têm liberdade para não o ser. É uma fraqueza perigosa.

CHRISTIANE AMANPOUR

Eu acreditava que os ideais de todo mundo levariam à igualdade. Mas acabei vendo que, a não ser que uma proporção enorme da parte rica e privilegiada do nosso mundo decida acabar com a pobreza e a injustiça, não vai acontecer. Talvez aconteça um dia, mas não enquanto eu ainda estiver viva. Vai demorar muito tempo.

DAGMAR HAVLOVÁ

Acho que nunca vamos conseguir banir a desigualdade, mas é nosso dever continuar tentando. Quando olhamos para a história, fica óbvio que a violência, a pobreza e a injustiça sempre estiveram presentes. Infelizmente, isso deriva das características negativas das pessoas, como a vaidade, o egocentrismo e o desejo por poder.

MARIANE PEARL

Acho que não chegará o dia em que alcançaremos uma paz não transitória, uma forma de contentamento acessível à maioria das pessoas. Somos uma espécie complexa e contraditória demais. Se queremos um mundo de igualdade, livre de miséria, um mundo de justiça, vamos ter que construí-lo conscientemente. Acredito no poder dos indivíduos de influenciar o mundo na direção de mais igualdade e justiça.

BIANCA JAGGER

Não parecemos estar fazendo as coisas certas para mudar um sistema econômico que é tão injusto, no qual o mundo desenvolvido tem tudo e o mundo em desenvolvimento vive em uma pobreza tão abjeta.

O Banco Mundial, o Fundo Monetário Internacional, a Organização Mundial do Comércio não existem para encontrar de fato soluções para termos um mundo mais igualitário, e por isso não sei como vamos conseguir chegar ao fim da pobreza.

Nós não vamos acabar com a pobreza ao redor do mundo nos reunindo com chefes de Estado nem fazendo shows tipo o *Live Aid*. O que isso faz é levar milhões de pessoas a pensarem: "Sim, claro, Bob Geldof fez um show, nós vamos acabar com a pobreza e encontramos a solução". É absurdo até hoje não termos encontrado nenhuma ideia realmente significativa.

5

QUAL É O SEU MAIOR MEDO?

ANN LESLIE

Como a maioria das mães, o único medo capaz de me manter acordada à noite é o temor de que algo aconteça à minha filha. Fora isso, não tenho muitos medos. Nem durante as guerras — e já trabalhei muito em zonas de guerra — costumo ter medo, porque a adrenalina e a necessidade de fazer o trabalho acabam neutralizando os temores. Só sinto medo em retrospecto, depois que o perigo passou. Nunca tive medo na Guerra Fria e não tenho medo do aquecimento global. Talvez devesse ter, mas sou uma pessoa otimista e positiva, e o medo é paralisante demais e um desperdício de energia. Acho que sinto medo, sim, de uma velhice impotente, trancada em um asilo horrível, babando e sendo mantida viva por máquinas. Prefiro cair morta.

SWANEE HUNT

A possibilidade de continuarmos reagindo à ideia do terrorismo nos trancando mais e mais me alarma. Acho que a reação ao onze de setembro foi errada. Nós gastamos bilhões de dólares todos os anos com segurança de aeroportos, um dinheiro que poderia estar sendo gasto com educação de todas as crianças ao redor do mundo.

Acredito que essa teria sido a reação adequada. Mas só elaboramos políticas com respostas que são positivas apenas em um prazo muito curto e que podem levar a desastres no longo prazo.

> "Como a maioria das mães, o único medo capaz de me manter acordada à noite é o temor de que algo aconteça à minha filha."
>
> ANN LESLIE

HELEN PREJEAN

Meu maior medo é de que não tenhamos tempo suficiente. Estou falando de tempo para despertar as pessoas e ajudar a mudar a consciência coletiva, para que possamos proteger o planeta e começar a ter um tecido social de justiça e comunidade, em que todos ao redor do mundo tenham assistência médica e moradia.

As necessidades dos seres humanos são urgentes demais. Não dá para esperar que o mundo mude conforme precisa. O espírito de Jesus continua vivo: nós não viemos para sermos servidos, mas, sim, para servir.

ZOË SALLIS

SHAMI CHAKRABARTI

Tenho muito medo de um país e de um mundo que se movem para trás, que se afastam da ideia de direitos humanos universais, em que todos são iguais em dignidade e valor e têm direito à justiça. Uma desconexão emocional e moral básica desse tipo pode produzir uma sociedade incrivelmente autoritária e quase totalitária, uma sociedade bárbara na qual qualquer senso de humanidade já se perdeu. Esse é meu pior pesadelo, uma sociedade ou mundo em que os instintos mais vis, a agressão e o egoísmo, dominam de tal modo que o indivíduo não importa mais.

> "A religião é uma questão que desperta paixões intensas e, se não conseguirmos cultivar uma cultura de tolerância, aceitação e diversidade, vamos correr o risco de que fanáticos nos coloquem em uma rota de colisão."
>
> BENAZIR BHUTTO

BENAZIR BHUTTO

Desde o onze de setembro, tenho medo que um fanático possa deflagrar outra catástrofe que levaria a um estranhamento entre povos de crenças diferentes. Hoje, nem todos os muçulmanos são terroristas, mas, infelizmente, a maioria dos terroristas até agora é muçulmana e isso dificulta a vida dos muçulmanos mais moderados. A religião é uma questão que desperta paixões intensas e, se não conseguirmos cultivar uma cultura de tolerância, aceitação e diversidade, vamos correr o risco de que fanáticos nos coloquem em uma rota de colisão.

JANE FONDA

Meu medo pessoal? Morrer com muitos arrependimentos, quando for tarde demais para fazer alguma coisa em relação a eles. Quando estava sentada ao lado do meu pai enquanto ele morria, ao longo de muitas semanas e meses, percebi que não tenho medo de morrer, mas morro de medo de morrer com arrependimentos, o que foi o caso dele. Fiquei tão triste por ele. Quando fiz sessenta anos, me dei conta, puta merda, agora é o terceiro ato — o último terço da minha vida. Se não quero ter arrependimentos quando morrer, preciso resolver tudo enquanto ainda tenho idade para fazer alguma coisa. Estou cuidando disso, mas esse é o meu maior medo.

KATHY KELLY

Vejo que as pessoas estão ficando hipnotizadas pela complexidade e pela crueldade sufocante da guerra em suas muitas formas diferentes, militares ou econômicas. E esse é o principal perigo. É possível ficar vazio de sentimentos, que considero uma forma muito desumana de reação. Uma pastora maravilhosa, Dorothee Sölle, teve a ideia de expressar o sofrimento mundial e torná-lo tangível e vívido para as pessoas por meio de histórias, arte e fotos. Para isso, é preciso organizar pessoas e círculos de ativistas para lidarem com tarefas que podem ser mundanas e comuns demais, como escrever artigos e comunicados educativos para a imprensa e enviá-los por e-mail e organizar treinamentos não violentos.

> "Meu medo pessoal? Morrer com muitos arrependimentos, quando for tarde demais para fazer alguma coisa em relação a eles."
>
> JANE FONDA

MARY MCALEESE

Não tenho tendência a sentir medo, para ser sincera. Não tenho nem um pouco de medo da morte nem de estar morta. Isso não me incomoda. Acho que quem viveu na Irlanda do Norte com mortes por todos os lados, quem foi para a cama todas as noites, como fiz por anos, esperando que os atiradores chegassem, esperando que os bombardeios chegassem, e eles chegaram, e quem sobreviveu quando outras pessoas não conseguiram, acaba se dando conta de como tudo é frágil e de quanta sorte há em tudo. A morte vai acontecer em algum momento e estou preparada para isso. Acho que tenho um medo de nível pessoal que é de não morrer na minha própria casa. Não gosto da ideia de ficar presa a tubos e fios em um hospital estranho. Aqui na Irlanda, nós somos muito engajados com o movimento de lares para doentes. Tenho esperança de que possamos dar voz a essa preocupação forte que há dentro de nós, de que seremos levados para um hospital em um momento em que só queremos ficar em paz e morrer nos nossos próprios termos, na nossa própria cama, com nossas coisas ao redor, especificamente com as pessoas que amamos, e não com um bando de estranhos. Não é um medo sufocante, mas uma preocupação.

BIANCA JAGGER

Tenho medo de estarmos indo na direção de um desastre climático bem mais rápido do que podemos imaginar e de estarmos fechando os olhos para isso por ainda não termos decidido enfrentar o que vem pela frente.

ISABEL ALLENDE

Tenho medo da violência cometida com impunidade.

WANGARI MAATHAI

Tenho medo do que há no futuro de muitas pessoas nos países mais pobres, principalmente nas regiões que são vulneráveis às mudanças climáticas. Nós todos vimos a destruição horrível criada por furacões, enchentes e secas e a competição desesperada por recursos em áreas marginais.

JUDI DENCH

Meu maior medo é de morrer. Como Quaker, eu devia ter mais resiliência, mas não tenho. Nós vemos muita gente sofrendo tanto. Quando vemos alguém ficar muito, muito doente e morrer, acabamos pensando que é uma libertação para a pessoa, mas, no fim, é muito triste.

JODY WILLIAMS

Cresci nos anos 1950 com um medo visceral de bombas nucleares. Agora, tenho um medo intelectual delas. Uma bomba nuclear pode me pulverizar, mas eu acabaria morrendo antes mesmo de saber, então não é o mesmo tipo de medo que tinha quando criança.

    Hoje, nós vemos políticos seguindo políticas que vão levar a outro armistício nuclear. Por que alguém lançaria mais uma dessas bombas?

YOKO ONO

Tenho medo de perder a liberdade por sentir medo.

TANNI GREY-THOMPSON

Tenho medo de morrer jovem, sem ter tido a chance de fazer as coisas que ainda quero fazer. Quando chegar aos setenta anos ou mais, acho que não vou me importar de morrer, mas não jovem. Acho que meu maior medo seria não dar um bom começo de vida para a minha filha e não poder estar com ela na sua juventude, acompanhando sua formação. E não consigo imaginar nada pior do que ver um filho morrer.

PAULA REGO

Vivo com muitos medos na minha vida. Está na essência do meu ser, porque o medo é incutido quando somos muito novos. Na infância, sentimos medo de fantasmas e de todos os tipos de criaturas apavorantes, e mais tarde temos medo do próprio medo, que pode se transformar em uma depressão aguda. Nós passamos a ter medo do medo absoluto. Tenho medo de muitas coisas.

KIM PHUC

Tenho medo de que as pessoas não percebam que precisam aprender a viver com o verdadeiro amor. Isso está nas raízes da guerra, nas raízes da violência e nas raízes das pessoas que odeiam as ideias e crenças diferentes das delas. Com o amor, podemos curar o futuro.

"Tenho medo de morrer jovem, sem ter
tido a chance de fazer as coisas
que ainda quero fazer."

TANNI GREY-THOMPSON

SOLEDAD O'BRIEN

Tenho medo pelos meus filhos. Tem tanta gente jovem agora desprovida de paixão, desprovida de coisas que as comovam, — isso me preocupa. Tenho muito medo de meus filhos crescerem em uma era mais cínica. Então, espero que eles sejam fortes para lutar contra o cinismo e que possam ser quem quiserem ser, e que tenham orgulho do tipo de voz que podem ter. Também espero que tenham certa dose de fé. Acho que isso é muito importante para descobrir quem você é e que tipo de pessoa quer se tornar.

CARLA DEL PONTE

Não tenho medo, sou sempre otimista. Vejo os perigos e a realidade do mundo de hoje, mas também sou fatalista e, por isso, o medo não faz parte da minha filosofia. Medo de quê? Não se pode viver com medo porque ele nos enfraquece. Claro que o perigo existe, mas temos que aceitar os riscos porque fazem parte da vida. Nós todos temos que fazer nosso melhor e aceitar que a luta não termina nunca.

MAIREAD MAGUIRE

Minha preocupação é que as pessoas não reconheçam seu próprio poder de fazer a diferença. Que não reconheçamos as coisas importantíssimas que estão acontecendo no mundo hoje e os nossos grandes avanços no caminho para uma sociedade melhor.

HANAN ASHRAWI

Tenho medo pelas pessoas que amo. O medo saudável pode ser um meio de autopreservação e uma forma ativa de dar aos meus entes queridos toda proteção e segurança que eu puder. Mas não permito que o medo doentio tome conta, pois pode causar paralisia, inação. O medo me motiva a não correr riscos idiotas, mas nunca permiti que me impedisse de agir. Minha crença de que estava fazendo a coisa certa me ajudou a lidar com meu medo; a sensação de que estou fazendo uma coisa de valor, de que posso fazer a diferença. Nós encontramos o lugar certo para o medo, para o medo saudável, e lidamos com ele por sabermos que não podemos ser espectadores, não podemos ser vítimas passivas. Nós temos que ser agentes ativos de mudança.

PALOMA PICASSO

O medo não é um sentimento que gosto de ter, por isso trato de fazer alguma coisa em relação a ele e acho que é a melhor forma de reagir. Acredito que o medo é uma coisa que nós mesmos criamos.

> "Minha preocupação é que as pessoas não reconheçam seu próprio poder de fazer a diferença."
>
> MAIREAD MAGUIRE

MARY ROBINSON

Tenho medo de que a tendência ao aquecimento global nos leve além do ponto, e de que o mundo dos meus netos seja ainda mais difícil e menos seguro do que o mundo de hoje.

SINÉAD O'CONNOR

Meu maior medo é de que um pedófilo sequestre um filho meu, e meu segundo maior medo é de que meus filhos se envolvam com drogas.

MAYA ANGELOU

Ah, eu não falaria de medo. Ah, não! E perder poder? Tento não dar poder a nada negativo. Sabe, o meu filho, meu único filho, sofreu um acidente de automóvel quando tinha dezessete anos e quebrou a cervical. Ele sobreviveu a isso e a outro acidente e ficou paralisado do pescoço para baixo, foi informado de que jamais voltaria a andar. Algumas das vértebras dele foram esmagadas, como aconteceu com Christopher Reeve. Mas, agora, ele anda.

MARY KAYITESI BLEWITT

Minhas verdadeiras preocupações estão relacionadas aos meus filhos. Acho que nós, adultos, os decepcionamos. Algumas das coisas que estamos fazendo terão impacto danoso na vida deles no futuro. Nós vemos gente jovem atacando gente mais velha nas ruas ou se comportando de outras formas que jamais imaginaríamos na nossa geração. É uma reflexão sobre o que está acontecendo na nossa sociedade.

Por isso, tenho medo quando olho para os meus filhos e penso que, por mais que os eduquemos, por mais fé, amor e atenção que ofereçamos na sua criação, o mundo lá fora não é bom.

JUNG CHANG

Um dos meus maiores medos é a repetição de outro século como o último, quando tiranos como Hitler, Stalin e Mao fizeram muito mal à humanidade. Tenho muito medo de que isso tudo aconteça de novo.

MARTHA LANE FOX

Já superei muitos dos meus medos desde que quase morri em um acidente de carro. Meus medos sempre foram muito pessoais, e acho que o meu maior é decepcionar a mim mesma ou as pessoas à minha volta. Eu sempre penso: fiz o suficiente? Estou pensando o suficiente? Estou me dedicando o suficiente? Estou fazendo o bem de forma suficiente? Estou sendo suficientemente criativa? Estou suficientemente ocupada?

KATE CLINTON

O medo pode ser bem trivial. Por exemplo, se uma coisa horrível acontecesse e minha namorada estivesse em São Francisco e eu em Nova Jersey, nós talvez não conseguíssemos ficar juntas. Depois do ataque do onze de setembro, os momentos em que nos despedimos das pessoas se transformaram. Muitas mulheres e pessoas não brancas e pessoas pobres vivem o medo diariamente. Antes do onze de setembro, os homens brancos que governavam o país não tinham sofrido medo. Eles não reagiram bem. "Nós fomos atacados pelos árabes, então, vamos invadir o Iraque!" Agora, temos uma espécie de medo generalizado.

CHRISTIANE AMANPOUR

Minha maior preocupação é que não haja fim para a pobreza e para a injustiça, e que o mundo distorcido em que vivemos se torne mais e mais perigosamente desequilibrado, mais e mais dividido entre ricos e pobres.

SHIRIN EBADI

Tenho medo de uma guerra civil, de irmãos matando irmãos. Quando há um inimigo estrangeiro, nós sabemos o que temos de fazer, temos de nos defender.

Mas quando há uma guerra civil, as pessoas que se conhecem e eram amigas e vizinhas começam a pegar em armas e se matar.

MARIE COLVIN

Tenho muito medo de testar minhas habilidades e descobrir que não sou muito boa. Mas isso me faz continuar tentando acertar e ser testemunha de questões que são mais importantes do que minha vida pessoal ou se minhas glicínias estão florescendo.

LOUISE RIDLEY

Em termo de fobias, não gosto de alturas, mas gosto de pensar que não tenho um "grande medo". Se uma coisa provoca um certo medo, muitas vezes significa que nós devemos experimentá-la.

ZOË SALLIS

MARION COTILLARD

Tenho medo da loucura em relação à destruição da Terra e também de nós mesmos. O fato de que alguns animais estão perdendo seus pontos de referência (aves migratórias, por exemplo). O desaparecimento acelerado de espécies e florestas.

> "Tenho medo da loucura
> em relação à destruição da Terra e
> também de nós mesmos."
>
> MARION COTILLARD

DAGMAR HAVLOVÁ

Fora o meu medo pela saúde dos meus entes queridos, tenho medo de não ter força e energia para fazer todas as coisas que prometi fazer nesta vida.

Coisas como montar a Biblioteca Václav Havel, que foi uma espécie de tarefa pioneira na República Tcheca. Tenho medo pelo planeta em que vivemos e da forma como o estamos destruindo para as gerações futuras.

Tenho medo de que um dia todos tenhamos que usar um chip eletrônico que vai nos monitorar. Que a energia do diálogo humano acabe e toda a comunicação seja baseada em máquinas frias.

NATAŠA KANDIĆ

Meu único medo vem da minha crença de que nada mudou na antiga Iugoslávia. Eu esperava que, depois da guerra, a verdade surgisse e a justiça fosse feita, que os sérvios fossem assumir a responsabilidade pelo que aconteceu. Agora, tenho medo de que toda a verdade nunca chegue a ser descoberta, de que as vítimas nunca vejam a justiça sendo feita e de que, no futuro, em uns quinze anos, talvez, uma nova geração acabe passando pelas mesmas experiências horríveis.

6

QUAIS MULHERES VOCÊ MAIS ADMIRA?

JUDI DENCH

Eu admirava muito Peggy Ashcroft. Tantas coisas aconteceram na vida dela, e sua vulnerabilidade, resiliência e espírito eram maravilhosos. E admiro Marjorie Wallace. Admiro pessoas que se arriscam para realizar um sonho. A maioria das pessoas que faz isso é homem, mas admiro muitas mulheres.

ANN LESLIE

Eu admirava a Sra. Thatcher enormemente. Como mulher, era automaticamente uma pária no mundo masculino da política britânica, principalmente no Partido Conservador e, por isso, pensava fora das convenções do clube de machos. No final, ela apavorou os homens que foram condescendentes com ela no começo. Na história, um dos meus exemplos favoritos de mulher é a exploradora Mary Kingsley, do século XIX. Ela viveu com tribos canibais no continente africano e aguentou com muito humor grandes esforços e perigo. É incrível. Ela sempre se vestia como se estivesse em um chá vitoriano, com uma saia ampla e uma blusa de botão, botas e uma sombrinha. Ela se tornou uma grande celebridade na Inglaterra vitoriana e publicou um dos livros mais engraçados e comoventes que já li: *Travels in West Africa*. Ela foi para a África do Sul para ser enfermeira durante a Segunda Guerra dos Bôeres e morreu relativamente jovem vitimada por uma doença. Sua coragem, seu humor e sua recusa de permitir que o gênero e as convenções a atrapalhassem são incrivelmente inspiradores.

MARION COTILLARD

Descobri Aung San Suu Kyi quando minha mãe me levou para ver o filme *Muito além de Rangun*, de John Boorman. Eu tinha dezenove anos e não sabia nada sobre a Birmânia, mas, a partir daquele dia, ela se tornou minha heroína. Outra é Mariane Pearl, uma alma incrivelmente linda. E Shirin Ebadi. Li o interessantíssimo livro dela, *Iran Awakening*, alguns anos atrás, que conta muito sobre o mundo e como a política e a manipulação funcionam.

SINÉAD O'CONNOR

Minha maior heroína é Harriet Tubman, uma mulher pequena, comum e estilo vovó que organizava e controlava a rota secreta de fuga chamada "Underground Railroad", que levava os escravos do sul dos Estados Unidos para o norte, clandestinamente, antes da Guerra de Secessão norte-americana. Ao encontrar pessoas que ajudariam e ofereceriam abrigo no caminho, ela conseguiu salvar centenas de pessoas e famílias da escravidão. Acho que minha segunda grande heroína é Joana d'Arc. Eu a admirava por sua força guerreira feminina.

> "Admiro pessoas que se arriscam
> para realizar um sonho."
>
> JUDI DENCH

KATE CLINTON

Uma das melhores coisas de morar em Nova York é que podemos conhecer pessoas que admiramos. Admiro Gloria Steinem e acho que é mesmo uma santa norte-americana, apesar de saber que ela me mataria por dizer isso. Uma vez, ela falou sobre aquela decisão draconiana da Suprema Corte que, basicamente, continua a apoiar a proibição do aborto por dilatação e extração em gestações avançadas e que só continua a minar o direito de todas as mulheres de escolher. Fiquei muito chateada, mas Gloria segue firme trabalhando pela fundação que ajuda organizações de mulheres necessitadas. Realmente a admiro, não só pela inteligência e clareza, mas também pelo senso de humor irreverente. Também me inspiro muito pelo trabalho da minha namorada, Urvashi Vaid. Ela é uma grande ativista que começou a trabalhar para a União Norte-Americana pelas Liberdades Civis em prol da reforma prisional. Ela é muito ativa no movimento de gays e lésbicas e tem uma energia tremenda.

JOAN BAEZ

Mães são pessoas admiráveis. Quando se pergunta a uma mulher o que ela faz, a pergunta significa: "O que você faz no mundo? É só dona de casa? Quais são seus hobbies?". Ela não tem tempo para isso. O papel de mãe consome tudo, mas pelo menos agora o trabalho em casa e a responsabilidade estão começando a ser divididos pelos pais.

> "Mães são pessoas admiráveis."
>
> JOAN BAEZ

JANE FONDA

Eleanor Roosevelt foi uma pessoa que admirei muito. Mas as mulheres que mais admiro são gente como Lois Gibbs, uma dona de casa tímida e aposentada do Love Canal, perto de Buffalo. A comunidade em que vivia percebeu que tinha sido construída em um aterro sobre despejo de lixo tóxico quando as crianças começaram a nascer com defeitos congênitos e a morrer de câncer. Lois transformou sua raiva em ativismo ao fundar uma organização nacional para acabar com o lixo tóxico.

Ela continua sendo uma líder nacional até hoje. Sempre me assombro com essas mulheres da classe trabalhadora que se tornam verdadeiras líderes e tive o privilégio de conhecer muitas delas.

JODY WILLIAMS

Shirin Ebadi é uma das minhas amigas vencedoras do Nobel mais próximas. Ela e eu criamos a *Nobel Women's Initiative* juntas e a considero uma mulher especialmente maravilhosa. Mas quem me inspira de verdade são as mulheres que trabalham incansavelmente para tornar o mundo melhor e ninguém sabe quem são. Há tantas dessas mulheres ao redor do mundo. São mulheres que se esforçam muito para mudar o mundo enquanto os homens estão fazendo guerra e criando conflitos.

TRACEY EMIN

Quando eu era mais nova, gostava muito da figura de Lady Hamilton. Achava-a uma mulher muito inteligente. Aos treze anos, começou a ter uma vida questionável e deu a volta por cima. Ela é um ótimo exemplo. E Bess of Hardwick, que começou o primeiro sistema bancário britânico que tinha taxa de juros baixa para as pessoas do campo. São mulheres da história que mudaram as coisas. E admiro a artista Louise Bourgeois.

TANNI GREY-THOMPSON

Admiro minha mãe porque ela era uma mulher muito forte. Fez escolhas positivas e não deixou que as percepções que as outras pessoas tinham de mim atrapalhassem sua fé em mim. Ela era muito forte e meio truculenta — estou cada vez mais parecida com ela. Tive uma vice-diretora maravilhosa no ensino médio, Audrey Jones. Ela era feminista. Gostava muito de encorajar as mulheres a serem engenheiras, por exemplo, e a não se limitarem às normas da época. Quando eu era criança, nunca pensei: "Não posso fazer isso porque sou uma pessoa com deficiência e sou mulher". Claro que havia e há muitas coisas que não posso fazer, mas sempre começo achando que posso.

MAYA ANGELOU

Admiro minha avó e minha mãe, que eram muito diferentes. E minha "irmã escolhida", Coretta Scott King, que acreditava que protestos não violentos podiam despertar uma nação que dormia em cima da história da escravidão.

SWANEE HUNT

Acho que Eleanor Roosevelt é a mulher que mais admiro. Ela passou por muitas dificuldades por diferentes motivos, inclusive, por se sentir nada atraente e descobrir que o marido estava tendo um caso com a babá. Mas ela ficou casada com ele e sublimou sofrimento pessoal para cuidar do mundo. Ela era brilhante e foi uma das fundadoras da *League of Women Voters*.

MAIREAD MAGUIRE

Como mulher jovem em Belfast, eu me lembro de admirar Dorothy Day, que iniciou o *Catholic Worker Movement* nos Estados Unidos, onde criou abrigos para os sem teto e para os pobres. Foi uma das primeiras mulheres a falar sobre protestos não violentos contra a guerra, contra armas nucleares, pelos direitos internacionais e pelos direitos humanos. Ela convocava as pessoas para servir aos pobres e viveu intensamente esse propósito.

PALOMA PICASSO

Bom, admiro minha mãe, claro. Ela é uma mulher muito impressionante. Quando eu tinha treze anos e comecei a ouvir as pessoas falando sobre liberação feminina, pensei: "De que estão falando?". Porque, no fim, eu já tinha em casa o que as pessoas procuravam ter: uma mulher que assumia as coisas e criava os filhos sozinha, acreditando que não há praticamente diferença entre o que um homem pode fazer e o que uma mulher pode fazer se elas tiverem certeza do que realmente querem.

HELEN PREJEAN

Dentre as primeiras santas e místicas da igreja, admiro Teresa de Ávila, que reformou sua comunidade religiosa, e Juliana de Norwich, que vivenciou uma intimidade próxima com Deus e espalhou sua sabedoria aconselhando pessoas de sua cela anacoreta na igreja. Na *Bíblia*, Maria costuma ser retratada como uma Madona de azul e branco em um pedestal, bem acima da espécie humana, mas ela era uma garota palestina de treze ou quatorze anos quando teve Jesus e viveu na pobreza. Acho que ela foi uma mulher de seu tempo e teve que aprender a compreender o que Jesus dizia. Eu a vejo como um modelo de discipulado.

> "Maria costuma ser retratada como uma Madona de azul e branco em um pedestal, bem acima da espécie humana... Acho que ela foi uma mulher de seu tempo."
>
> HELEN PREJEAN

WANGARI MAATHAI

Admirei muito a minha mãe e, depois, muitas outras mulheres lindas como Margaret Mead e Madre Teresa. Há um fio comum entre elas. Todas foram mulheres trabalhando além das próprias vidas, sem nunca buscar confortos particulares.

CARLA DEL PONTE

Para mim, Margaret Thatcher foi uma mulher fortíssima, capaz de muita coisa. Fiquei muito impressionada com seu livro. Também admirei muito Golda Meir. Conheci muitas mulheres políticas que lidam com questões importantes e acho que as mulheres são muito melhores do que os homens no uso do poder, porque elas mantêm os pés no chão. Também acredito fortemente na intuição feminina. Admiro Micheline Calmy-Rey, chefe do Departamento Federal dos Negócios Estrangeiros da Suíça, e muitas outras mulheres da política suíça.

MARY ROBINSON

Admiro e costumo citar Eleanor Roosevelt por causa do seu papel na Declaração Universal dos Direitos Humanos. Mas, de forma geral, sempre admirei mulheres que estão nos níveis de base.

No contexto irlandês, penso nas que fizeram diferença em circunstâncias muito difíceis. No continente africano, me impressiono com mulheres de muitos níveis diferentes. Como Graça Machel, que se tornou uma boa amiga para mim.

Mulheres que conheci em Gana, que foram me ver para falar sobre a luta em que estavam envolvidas. Mulheres que estão lutando contra a violência de gênero e também algumas das defensoras dos direitos humanos que conheci durante o tempo que passei como Alta Comissária das Nações Unidas, inclusive paquistanesas corajosas, como Hina Jilani.

BIANCA JAGGER

Eleanor Roosevelt sempre foi um modelo para mim. E minha mãe também, uma mulher que acreditava na emancipação feminina numa época em que a maioria das mulheres só se dedicava a cuidar da casa e eram vistas como cidadãs de segunda classe. Sempre fico triste por ainda vivermos em uma sociedade onde há um esforço combinado para transformarem homens, e não mulheres, em heróis.

MARY MCALEESE

A mulher que mais me inspirou quando eu era criança foi Catarina de Siena, sem dúvida alguma. O que mais gosto nela é a sua fidelidade àquilo em que acreditava e a sua capacidade de falar com coragem e clareza. Com o passar dos anos, fui me envolvendo cada vez mais com ela, mais profundamente com seus escritos. Ela era analfabeta, e seus escritos, que são tão fortes e poderosos, foram ditados. Fico triste em dizer que ela foi uma de apenas duas Doutoras da Igreja. Eu queria que houvesse mais na igreja da qual por acaso faço parte.

 A outra pessoa, agora dos tempos contemporâneos, que mais me inspirou é Anne Maguire, mãe da famosa família Maguire, condenada em Londres por conspiração e explosão de uma bomba. Não havia prova nenhuma contra eles, mas, infelizmente, o sistema, a imprensa, os tribunais, o judiciário, a polícia e o mundo da ciência forense estavam tão obcecados pela ameaça de terrorismo que todos ficaram cegos para a verdade. Ela passou dez anos na prisão. Sua família foi destruída, porque seus dois filhos passaram um tempo na prisão por nada e seu marido também foi preso, o que acabou com ele. Mas Anne se manteve inteira e foi capaz de perdoar. Existe um brilho nessa mulher, a pessoa mais adorável que conheci na vida.

Cada vez que me sinto remotamente ameaçada por uma dose de autopiedade, só penso nela e digo para mim mesma: "Pode calar essa boca!".

NATAŠA KANDIĆ

Conheci muitas pessoas comuns que são heroínas para mim, pessoas que tentaram fazer o que podiam pelos outros, poucas delas famosas. Admiro Carla Del Ponte, que foi a procuradora geral do Tribunal Penal Internacional. Ela processou Milošević, Karadžić, Mladić, e eu a vejo como uma mulher íntegra e forte, com grande empatia pelas vítimas dos crimes de guerra.

MARTHA LANE FOX

Admiro muitas mulheres. Estudei História Antiga e Moderna e acho que uma mulher que sempre me fascinou foi Theodora, esposa do imperador Justiniano. Ela cuidou do império enquanto o marido viajava para expandi-lo em várias direções. Era uma mulher muito interessante, com forte personalidade — uma das primeiras imperatrizes a ter poder por volta de 500 depois de Cristo. Nos dias de hoje, tive o privilégio de trabalhar com uma organização chamada CAMFED (Campanha pela Educação Feminina), que ajuda educadoras de vários países africanos e está trabalhando para superar a AIDS e mudar a dinâmica econômica lá.

Por meio dessa organização, conheci mulheres impressionantes que conseguiram sair das situações mais terríveis e criar seus próprios negócios, montar escolas ou mudar o destino dos vilarejos onde moram de várias formas. Eu me inspiro muito nas mulheres desse programa.

KATHY KELLY

Admiro muito Barbara Deming por sua vida e pelo que testemunhou. Também por seu pensamento, publicado em *We Are All Part of One Another*. Ela foi uma parte importante do início do movimento não violento pelos direitos civis nos Estados Unidos.

MARIANE PEARL

Muitas das mulheres que me inspiram são trabalhadoras anônimas. Como Fatima Elayoubi, uma faxineira marroquina que mora em um subúrbio de Paris. Ela era analfabeta, mas escreveu foneticamente, por meio de ditado, um livro de poesia chamado *Prayer to the Moon*. Este livro, transcrito depois para o francês, fala sobre não ser percebida. Passar dias inteiros limpando as casas das pessoas sem encontrar ninguém que reconheça sua presença ou a legitimidade de seu trabalho. Também tenho amigas que me inspiram, assim como minha mãe e a escritora Toni Morrison.

SEVERN CULLIS-SUZUKI

Admiro muitas das mulheres entrevistadas neste livro, como Wangari Maathai. Mas preciso dizer que meu maior modelo durante toda a vida é minha mãe. Consigo pensar em tantos exemplos em que ela arregaçou as mangas e agiu para resolver algo com que discordava. Houve muitos projetos em que minha mãe trabalhou e que demonstraram como é possível mudar a sociedade.

LOUISE RIDLEY

É difícil escolher uma, mas a primeira que surge na minha mente enquanto escrevo é Monica Lewinsky. A humilhação e a vergonha internacional pelas quais passou, que nunca teriam acontecido se seu caso com Bill Clinton tivesse acontecido hoje, foram horrendas e muito injustas. Mas vemos o quanto progredimos em termos de entender a política sexual quando muitas pessoas têm certeza de que Donald Trump falar de "pegar mulheres pela vagina" é errado. O fato de Lewinsky ter superado a experiência, contado sua história e trabalhar agora na prevenção de bullying on-line, sabendo perfeitamente bem que, para milhões de pessoas, ela nunca vai deixar de ser "aquela mulher" é muito inspirador.

MARY KAYITESI BLEWITT

Para mim, todas as mulheres são heroínas. As que chegam ao topo têm sorte de estar lá, mas há muitas que fazem tantas coisas e não são reconhecidas, menos ainda por homens. Todas merecem um prêmio.

KIM PHUC

Admiro minha mãe. A que me teve, a que me amou, a que ficou ao meu lado. Ela me mostrou que podemos fazer a diferença com pequenas coisas. Não precisamos ser importantes para fazermos uma grande diferença.

> "Para mim, todas as mulheres são heroínas."
>
> MARY KAYITESI BLEWITT

DAGMAR HAVLOVÁ

Admiro as mulheres que cuidaram dos feridos nos hospitais durante as guerras e tiveram coragem e determinação excepcionais, mesmo sabendo que não podiam mudar muita coisa. Havia tanto desespero, mas elas tentavam cuidar das pessoas e, mesmo assim, salvá-las. Também admiro mulheres que cuidam de idosos acamados ou em asilos. Elas fazem o trabalho que os filhos deveriam estar fazendo de cuidar dos pais, porque é nossa obrigação cuidar deles.

MARIE COLVIN

Admiro Martha Gellhorn, a terceira esposa de Hemingway, uma escritora maravilhosa. Levo seu livro sobre a Guerra Civil Espanhola para qualquer guerra que eu esteja cobrindo. Ela escreveu com pureza, clareza e ferocidade. Como trabalho no Oriente Médio e gosto de lá, também admiro Gertrude Bell, que veio de uma família inglesa tradicional, mas se mudou para o Oriente Médio de forma bem discreta.

CHRISTIANE AMANPOUR

Admiro muito Marie Curie, Margot Fonteyn, Martha Gellhorn, Oriana Fallaci e Gloria Steinem

EMMA BONINO

Entre as mulheres do presente, admiro Aung San Suu Kyi, mas também mulheres menos conhecidas como Khady Koita, do

Senegal, que faz campanha contra a mutilação genital. As duas escreveram livros sobre suas experiências, relatos que são totalmente arrepiantes sobre a condição de vida das mulheres.

BENAZIR BHUTTO

Eu estava estudando na Inglaterra quando a Sra. Thatcher se tornou líder da oposição e, embora minha posição política fosse diferente da sua, sempre tive grande admiração e respeito por ela e pelo fato de ter tido sucesso em um mundo masculino. Mas, como jovem muçulmana, meu maior exemplo foi Cadija, a primeira esposa do Profeta do Islã.

    Eu costumava dizer para as pessoas que o Profeta se casou com uma mulher trabalhadora e que Deus escolheu Cadija para ser a primeira a testemunhar o Islã. Portanto, isso significou que Deus achava que as mulheres realmente eram muito importantes.

    Cadija era mulher de negócios e tinha caravanas próprias para o comércio e, enquanto foi casado com ela, o Profeta só teve uma esposa. Ela era mais velha do que ele e, depois de sua morte, o Profeta se casou com várias mulheres, sendo que uma delas, Aixa, participou de uma guerra.

    Por isso, tive muita dificuldade de aceitar que as mulheres muçulmanas devessem ficar confinadas às quatro paredes de casa ou a uma burca preta, considerando que as líderes mais nobres do Islã, as esposas do Profeta, eram mulheres trabalhadoras.

ZOË SALLIS

Na Arábia antes do Islã, havia uma sociedade tribal e as pessoas não queriam ter filhas, somente meninos eram bem aceitos. Era comum que recém-nascidas fossem enterradas vivas. O Profeta do Islã acabou com isso. Ele disse: "Todos são iguais aos olhos de Deus". E, se todos os seres humanos são iguais perante os olhos de Deus, por que as mulheres deveriam ser subjugadas?

O fato de o Profeta ter impedido o assassinato de meninas me fez acreditar fervorosamente que as pessoas que cometem violência doméstica e ataques violentos contra mulheres tinham que ser punidas. Vejo, nesses dias recentes, que as interpretações do Islã foram mudadas por uma nova geração de acadêmicos islâmicos. Para mim, o Islã surgiu como uma religião de emancipação e liberação. Onde está escrito no Corão que as mulheres precisam vestir roupas que as cobrem da cabeça aos pés?

"Admiro mulheres fortes, amorosas, assertivas e independentes de todas as idades e de todos os tempos."

ISABEL ALLENDE

ISABEL ALLENDE

Admiro mulheres fortes, amorosas, assertivas e independentes de todas as idades e de todos os tempos.

SHAMI CHAKRABARTI

Na Grã-Bretanha, acho que Helena Kennedy é um grande exemplo para todas as jovens advogadas. Voltando ao passado, admiro as sufragistas, tantas mulheres que fizeram campanha pela causa feminina, mas também da humanidade. É preciso dar muito crédito a Eleanor Roosevelt por ter sido uma das grandes arquitetas do que acreditamos agora que são os direitos humanos: o acordo de direitos humanos no pós-guerra. Uma conquista maravilhosa. Alguns políticos modernos que reagem a organizações como a minha acham que estamos presos no passado porque comemoramos o acordo de depois de 1945. Eles acham que é reacionário e nada moderno voltar àquele período da história: após o Holocausto, após a Blitz, em que pessoas de todas as orientações políticas, pessoas de todas as grandes religiões do mundo e pessoas sem religião se juntaram e fizeram um acordo sobre certos princípios que são essenciais para a preservação da democracia e da dignidade humana.

Eleanor Roosevelt teve um papel admirável nisso, não sendo política, não sendo uma grande jurista, só alguém que teve a visão e a habilidade de ajudar a chegar a esse acordo, uma pessoa que também entendia que os direitos humanos não são apenas instrumentos legais, não se resumem apenas a tratados e leis, mas precisam, como ela mesma falou, ser encontrados na nossa vizinhança, em lugares tão pequenos que não podem ser encontrados em nenhum mapa do mundo. Ela foi uma visionária, cujo legado pode ser maior até do que o de muitos líderes mundiais mais famosos, a maioria homens. Sempre tentamos assegurar esse legado, porque sofremos ataques o tempo todo. Não só na Grã-Bretanha e na Europa, mas em todo o mundo, onde as pessoas acham que esses direitos, liberdades e valores, arduamente conquistados, devem ser substituídos por exceções para lidar com ameaças específicas, como o terrorismo e até mesmo as ameaças econômicas. Em outras palavras, que as regras do jogo deviam mudar e devíamos ficar reinventando a sociedade de uma forma que é destrutiva para a sua essência.

> "Eleanor Roosevelt foi uma visionária, cujo legado pode ser maior até do que o de muitos líderes mundiais mais famosos, a maioria homens."
>
> SHAMI CHAKRABARTI

YOKO ONO

Admiro todas as mulheres.

HANAN ASHRAWI

Sou eclética. Nunca digo que existe um modelo ou uma pessoa ou um incidente. Encontro o que é bom em pessoas diferentes, em mulheres diferentes, e essas coisas me influenciam, a maioria delas de formas bem sutis. Não precisam ser dramáticas e nem conscientes. Alguns eventos ou indivíduos têm maior impacto do que outros, e nós os absorvemos nos nossos valores e estilo de vida e escolhas. Admiro as mulheres que conheço, mais do que figuras históricas. Vejo a maioria delas como amigas, como, por exemplo, Anna Lindh, a Ministra das Relações Exteriores que foi assassinada e que era minha amiga.

7

AS MULHERES PODEM CONTRIBUIR COM O FIM DAS GUERRAS?

KATE CLINTON

Está na hora de os homens abrirem espaço e deixarem as mulheres mostrarem o que são capazes de fazer. Nos deem uma chance, caramba. Acho inacreditável o nível de machismo nos Estados Unidos. Se eu ganhasse um dólar para cada vez que falo isso, eu poderia comprar meu próprio senador. Veja o que foi dito sobre uma mulher ter sido candidata à presidência. E o fato de termos menos mulheres que homens entre os nove juízes da Suprema Corte. Nas minhas viagens, encontro muitas mulheres fazendo trabalhos incríveis e altamente criativos nas suas comunidades, porém não creditados. Como sempre, é aí que a revolução vai começar.

KATHY KELLY

Não concordo com a ideia de que as mulheres tenham uma visão mais pura de um mundo sem guerra. Não parece ser bem assim. As mulheres, tanto quanto os homens, precisam assumir a responsabilidade por terem se acomodado à ideia de guerra. Nós criamos filhos que não são corajosos a ponto de se envolverem no trabalho árduo de fazer campanhas para nos livrarmos de armas e para dizer: "Não vamos mais tolerar a ameaça da força". Nós todos enfrentamos perguntas muito difíceis. Por que acreditamos que devemos ser protegidas por pessoas usando ameaças e força em nosso nome? Todos os envolvidos em criar crianças, sejam professores, pais, cuidadores ou roteiristas programas de tevê e filmes ou personalidades da cultura pop, precisam fazer alguma coisa sobre essa questão. Nós todos temos.

SWANEE HUNT

Passo dois terços do meu tempo trabalhando com o papel da mulher para acabar com as guerras. Patrocinamos pesquisas em quinze lugares em que havia mulheres envolvidas na desmobilização de soldados, na reforma de forças de segurança ou na prevenção real de um conflito. As mulheres são muito influentes em suas famílias, assim como na comunidade e, quando elas se organizam e se reúnem, podem fazer coisas incríveis. Um grupo de mulheres cercou um prédio em Gana, onde acontecia uma reunião com os senhores da guerra da Libéria, e elas não deixaram esses homens saírem do prédio enquanto não chegaram a um acordo de paz. Na Rússia, algumas mulheres organizaram um comitê de mães de soldados, que enfrentaram generais russos e tiraram os filhos de dezoito anos do quartel. De acordo com o embaixador norte-americano na Rússia, o esforço daquelas mulheres levou ao fim da guerra da Chechênia.

ZOË SALLIS

MARY MCALEESE

Estou botando muita fé nas mulheres porque estamos apenas começando a jornada das mulheres rumo a lugares de poder e influência no mundo, não estamos? Foi só há um século que elas estavam lutando pelo direito de votar. É difícil para nossas crianças, e meninas especificamente, acreditarem nisso. Foi só há cem anos que a universidade em que trabalhei por boa parte da vida, a Trinity College, em Dublin, começou a deixar as mulheres entrarem pela porta. Em termos de tempo histórico, não é muito. Mas vale a pena lembrar que as sufragistas foram chamadas de terroristas e que o governo; na época, disse que jamais negociaria com terroristas. Nós esquecemos essas histórias muito rápido. Agora, temos a lei de igualdade de oportunidades, que nunca tivemos antes. Temos uma consciência crescente do valor das mulheres. Vemos isso, por exemplo, aqui na Irlanda, onde temos uma prosperidade jamais imaginada uma geração atrás, e um dos motivos é termos trezentas mil mais mulheres trabalhando fora do que há vinte anos. A genialidade delas está chegando a lugares onde nunca tiveram a oportunidade de alcançar no passado. Então, fica evidente se olharmos o mundo da política, da teologia, dos negócios, da indústria, que todos ainda estamos aguardando a total revelação de poder, genialidade e carisma especial das mulheres. Tenho a esperança de que isso neutralize a cultura do machismo, pela qual pagamos um preço tão revoltante no último século, especificamente nas guerras. Não estou dizendo que os homens são exclusivamente movidos por impulsos machistas ou por violência, não acredito que isso seja verdade, mas acho que as vozes dos homens que acreditam apaixonadamente na paz precisam da reivindicação e da autenticação vindas das vozes de mulheres na mesma posição. Acho que estamos vivendo em um mundo que voa com uma asa só, mas tem duas. Nos lugares em que a educação e a liberação das mulheres estão começando a ter impacto, percebemos que estamos ficando melhores na solução de problemas com formas mais criativas e menos motivadas por conflitos.

Vamos colocar as mulheres em lugares nos quais seu potencial e genialidade possam fazer diferença. Tive sorte de as oportunidades estarem começando a surgir, que as estruturas estivessem começando a abrir, e que havia espaços que poderíamos colonizar como mulheres. Minhas filhas têm mais espaço, e as filhas delas o terão mais ainda. Tenho esperança de que venha uma geração cujo contexto vai ser de igualdade total e tratamento igualitário. Seria um mundo incrível. Espero estar aqui para ver e que não esteja gagá demais para apreciar.

> "Acho que estamos vivendo em um mundo que voa com uma asa só, mas tem duas."
>
> MARY MCALEESE

ANN LESLIE

É um mito que as mulheres são criaturas mais pacíficas por natureza. Sempre houve mulheres na história muito fortes, ambiciosas e que foram à guerra com grande entusiasmo. Boadicea, Elizabeth I, Rani de Jhansi, Golda Meir, a Sra. Thatcher e a Sra. Gandhi não eram fracas. A esposa favorita do Profeta Maomé, Aixa, foi para a batalha de camelo. Conheci várias mulheres assassinas em zonas de guerra como no Zimbábue e na antiga Iugoslávia. Por outro lado, as mulheres têm filhos, e isso costuma lhes botar um freio. Mas a ideia de que se o mundo fosse governado por mulheres tudo seria doçura e luz em meio a uma sororidade amorosa é baboseira sentimental. O poder não é só afrodisíaco, como Henry Kissinger colocou, mas também muda as pessoas que o conquistam. As mulheres que conquistam poder e que querem mantê-lo costumam se comportar como os homens.

JANE FONDA

Acho que a liderança vai ser e tem que ser das mulheres, em parte porque temos menos a perder ao tentar mudar o *status quo*. Tem uma frase que diz o seguinte: "as mulheres e as garotas são os agentes da mudança". Fiz um documentário chamado *Generation 2000*, sobre programas para meninas na Nigéria, e o que as feministas de lá descobriram é que é importante trabalhar com garotas novas antes de elas terem internalizado estereótipos sociais de gênero. É assim que se cria líderes que vão nos levar à mudança. É preciso começar com garotas de doze a quatorze anos, que depois vão ajudar mulheres mais velhas a recuperarem as vozes que perderam quando adolescentes.

BENAZIR BHUTTO

As mulheres são críticas para impedir as guerras. Acho que a primeira geração de mulheres liberadas achava que tinha que provar que era igual aos homens. Sei que, quando fui eleita primeira-ministra pela primeira vez, fiquei muito na defensiva, achando que deveria ser durona como um homem para provar que era igual a um e capaz de executar a função. Depois, quando comecei a trabalhar, descobri que as pessoas só queriam alguém que cuidasse delas e das suas famílias. Uma pessoa que prestasse atenção em suas ansiedades, seus problemas e que fosse em busca das soluções.

Acho que o motivo para o surgimento de tantas mulheres líderes ocidentais é a existência de um anseio pela figura materna no Ocidente, por alguém que veja o resto da sociedade como seus filhos. Portanto, as verdadeiras questões são as que dizem respeito a saúde, educação, água potável, transporte e a facilitação geral da vida diária.

As mulheres dão vida. Por isso, acho que elas têm uma influência moderadora e que é muito importante que as envolvamos nas tomadas de decisões. Se houver mais mulheres líderes, mais mulheres no parlamento e mais mulheres na força de trabalho, as sociedades vão ficar moderadas — desde que as mulheres não fiquem como os homens. Mas não acho que isso vai acontecer. Os sexos têm muitas similaridades, mas também há diferenças cruciais. Uma delas é que os homens costumam ser mais assertivos e as mulheres costumam ser mais conciliatórias, ou tentar encontrar um ponto intermediário.

PALOMA PICASSO

Acredito que as mulheres sejam mais carinhosas e respeitosas com a vida, porque elas criam vida de maneira mais direta e cuidam dos bebês com mais proximidade do que os homens. Acho que podem ser capazes de fazer algumas mudanças no mundo, mas a natureza humana continuará violenta. Todos temos um pouco disso em nós.

As mulheres costumam ver as coisas de forma mais conservadora e protetora. As guerras vão continuar acontecendo, mas elas talvez possam trabalhar para impedir que não sejam tão longas e cruéis, principalmente com as nações não beligerantes.

JODY WILLIAMS

Bom, se pegarmos como exemplo a campanha das minas terrestres, são mulheres que cuidam dela, essencialmente. Fui fundadora e coordenadora dessa campanha do final de 1991 até fevereiro de 1998; Liz Bernstein a assumiu e coordenou até 2004, e muitas outras pessoas em torno das coordenadoras são mulheres.

Claro que há homens bons, meu marido e a organização dele, junto com o Comitê Internacional da Cruz Vermelha, baniram, sozinhos, as armas cegantes a laser. Mas as mulheres foram fundamentais para fazer a questão das minas terrestres andar, assim como o são nos movimentos de paz e de direitos humanos.

ISABEL ALLENDE

As mulheres formam 51% da humanidade, mas isso não se reflete na liderança mundial. Os homens tomam a maioria das decisões. As mulheres fazem dois terços do trabalho, mas são donas de menos de 1% dos bens do mundo. Mulheres e crianças são danos colaterais em tempos de guerra e também em tempos de paz. Um número crítico de mulheres em posição de poder, alimentando a energia feminina nos homens, vai mudar o mundo e trazer a paz.

MARIANE PEARL

Pelo que testemunhei, as mulheres são os agentes mais vitais de mudança. As mulheres em geral não acreditam em guerra, mas acreditam em educação. Acreditam em permitir que a vida cresça. Elas prefeririam morrer a privar os filhos de educação. E, às vezes, morrem. Muitas mulheres no mundo, na África e na Ásia, me botam em uma posição de muita humildade. Sua força e coragem e que podem nos ensinar sobre resiliência são o que temos de melhor para construir a paz.

> "As mulheres podem fazer a diferença. O problema é que, quando chegam em uma posição de poder para isso, já estão mudadas."
>
> JOAN BAEZ

ZOË SALLIS

PAULA REGO

As mulheres podem fazer toda a diferença do mundo se focaram nisso. É bom ter um tipo de organização, embora seja muito difícil fazer isso sozinha. Eu, por exemplo, tentei fazer a diferença em Portugal, onde a Igreja Católica proíbe que o aborto fique mais acessível. Eu conhecia o sofrimento que isso causava e fiz uma série de quadros com garotas fazendo abortos, a maioria adolescentes, estudantes. Houve dois plebiscitos sobre o assunto e, no primeiro, as mulheres nem se deram ao trabalho de ir votar. No segundo, elas foram, e tenho que dizer que sinto muito orgulho de os jornais terem usado meus quadros como propaganda. Nós fazemos o que podemos.

JOAN BAEZ

Sim, as mulheres podem fazer a diferença. O problema é que, quando chegam em uma posição de poder para isso, já estão mudadas. Hillary Clinton, por exemplo, seria um ótimo homem. Elas têm medo de não serem eleitas se não mudarem — e provavelmente não seriam mesmo.

MARION COTILLARD

O poder das mulheres fazerem a diferença é enorme. Veja Aung San Suu Kyi, Mariane Pearl, Shirin Ebadi e mais: Madre Teresa, Jane Addams, Wangari Maathai, Simone Weil, Eve Ensler...

O caminho é longo, mas as vozes das mulheres estão sendo levadas cada vez mais a sério.

HELEN PREJEAN

Nós vemos mulheres trabalhando juntas para fazer a diferença o tempo todo. Por isso a ONU disse que para erguer todo mundo é preciso erguer as mulheres. Elas são educadoras, estão em contato com crianças. Um grupo que trabalha no mundo todo dando pequenos empréstimos para que se abra pequenos negócios disse que a porcentagem de mulheres que paga os empréstimos é próxima de 95%, porque as mulheres trabalham juntas. Elas sabem que não conseguem sozinhas.

TANNI GREY-THOMPSON

As mulheres podem fazer a diferença porque têm pontos de vista diversos. É uma generalização, mas ainda acho que a mentalidade é outra. Para mim, a guerra é um horror absoluto. Nunca passaria pela minha cabeça lutar com alguém.

LOUISE RIDLEY

Claro, mas os homens também. Eu acreditava que, se as mulheres mandassem no mundo, teríamos um lugar menos violento, mas ler *O poder*, de Naomi Alderman, mudou esse meu ponto de vista. No livro, as mulheres ficam fisicamente mais fortes do que os homens e isso começa a mudar o equilíbrio de poder na sociedade. Me fez perceber que a pessoa que detiver o poder, de qualquer tipo, corre o risco de abusar dele.

SINÉAD O'CONNOR

A melhor forma de as mulheres acabarem com as guerras é criar os filhos com valores adequados. Tudo se resume ao que será ensinado às crianças que vão ser homens no futuro.

NATAŠA KANDIĆ

As mulheres na guerra são bem mais fortes na luta pela verdade e pela justiça. Em Serra Leoa, em Ruanda, na antiga Iugoslávia, ouvi as vozes das mulheres contra os crimes de guerra. São os homens que fazem a guerra, as armas sempre estiveram nas mãos deles. Depois, só as mulheres têm coragem de contar a verdade sobre o que aconteceu. Os homens tentam encobrir sua participação nos crimes de guerra. As mulheres lutam por melhorias, verdade e justiça. Os homens lutam pelo poder.

MARTHA LANE FOX

As mulheres podem fazer total diferença e já são essenciais na oposição à guerra. É fácil alguém como eu esquecer como o movimento pela igualdade feminina é recente. A verdadeira igualdade pode demorar muito, mas acho que vai continuar a se expandir entre as pessoas por todo o mundo, não só no Ocidente rico.

Quanto mais mulheres se tornarem primeiras-ministras, presidentes políticas e detentoras de posições importantes, mais vamos vê-las mudar os mecanismos da política e da guerra. Sua influência só está começando a ser sentida.

> "As mulheres lutam por melhorias, verdade e justiça. Os homens lutam mais pelo poder."
>
> NATAŠA KANDIĆ

EMMA BONINO

As mulheres costumam ser vistas como tendo menos tendência a guerras do que os homens. Não sou socióloga, claro, mas não estou muito convencida disso — tem tantos exemplos por todo o mundo de mulheres no poder que não podem ser definidas como não violentas... A verdade é que as mulheres nunca tiveram poder suficiente para demonstrar sua posição. Para mim, acima de tudo, as mulheres não são uma "categoria" a ser definida de uma forma ou de outra.

Na verdade, espero que o empoderamento feminino leve à noção de individualidade como valor em contraposição à noção de categorias.

SHIRIN EBADI

As mulheres podem ter o papel mais importante para impedir guerras, tanto como cidadãs quanto como pessoas capazes de influenciar os maridos, os filhos e os irmãos que estão em campos de batalha. Não são só os governos que decidem sobre guerra e paz: o povo pode influenciar nessas questões.

> "As mulheres trazem grande compaixão
> e a compreensão de que
> a vida humana é sagrada."
>
> MAIREAD MAGUIRE

JUDI DENCH

Acho realmente que as mulheres podem fazer a diferença. Acho que olhamos para as coisas de uma forma totalmente diversa da dos homens e temos uma outra compreensão de como as coisas são. Isso não quer dizer que seja necessariamente melhor ou pior, mas é um lado diferente, talvez mais suave.

MAIREAD MAGUIRE

As mulheres podem fazer a diferença no mundo, claro, e serem modelos de pacificação e solução de conflitos. Aqui na Irlanda do Norte, em 1976, quando começamos o *Peace People*, nós estávamos à beira da guerra civil, ninguém sabia para onde se voltar nem o que fazer. E quando chamamos as pessoas para saírem, se manifestarem e se mobilizarem pela paz, 90% dos que marcharam às centenas de milhares por toda a Irlanda do Norte e em todos os outros lugares eram mulheres.

As mulheres trazem consenso para o mundo. Também trazem grande compaixão e a compreensão de que a vida humana é sagrada.

SHAMI CHAKRABARTI

Claro que as mulheres podem fazer a diferença de todas as formas. Se nossas estruturas políticas refletissem melhor nossa sociedade ou, de forma mais óbvia, se houvesse mais mulheres nelas, acho que teríamos um mundo melhor. Se falarmos sobre guerras, é fato para mim que mulheres e crianças são quem mais sofre. Como a maioria das pessoas racionais, gostaria de ver menos guerras no mundo, mas, pensando em Hitler no século passado, eu não teria falado contra a Segunda Guerra Mundial.

Às vezes, as pessoas precisam ir à guerra, por isso não sou pacifista. Mas, talvez, quando a política e os governos tiverem uma quantidade maior de mulheres neles, as guerras aconteçam com menos frequência, porque o custo humano seria mais avaliado do que é no calor dos acontecimentos. A guerra se tornaria muito mais uma medida de último recurso do que outra coisa.

ZOË SALLIS

JUNG CHANG

Não acho que as mulheres possam fazer uma diferença decisiva, mas todos podemos contribuir de alguma forma.

> "Se falarmos sobre guerras, é fato para mim que mulheres e crianças são quem mais sofrem."
>
> SHAMI CHAKRABARTI

MARIE COLVIN

Todos têm a responsabilidade de tentar fazer diferença em um mundo muito difícil. As pessoas escutam menos as mulheres, mas as mulheres podem mudar isso sendo mais confiantes como indivíduos. Acho que a questão de gênero é importante e fundamental para definir quem somos, e não podemos negar que as mulheres e os homens são diferentes. Fundamentalmente, cada experiência de vida nossa nos afeta, quer sejamos homens ou mulheres. Obviamente, alguém como eu tem bem mais voz. Não acredito na teoria de que o mundo seria um lugar melhor se as mulheres promovessem sua mudança. Margaret Thatcher era mulher e foi à guerra. Ela parece ter sido um exemplo de mulher que achava que a única forma de lidar com o mundo era assumir o que é percebido como valores masculinos tradicionais, como força e poder. Não acho que todos os homens sejam assim. Acho que as mulheres podem ser e têm sido líderes fortes de muitas formas.

DAGMAR HAVLOVÁ

Ambos os sexos deviam tentar ser ativos no fim das guerras. Há mulheres que personificaram esse ideal e também mulheres que provocaram guerras ou foram a causa delas. Faz parte da mitologia tcheca a chamada "Guerra das Meninas", quando as mulheres se reuniram e usaram o sexo para enganar os homens. E, se um homem sucumbisse, ele era morto Elas se revoltaram contra a supremacia masculina. Meios mais gentis teriam sido melhores.

MARY KAYITESI BLEWITT

Tem tantas tarefas que as mulheres estão fazendo para tornar o mundo um lugar melhor. Se chegássemos ao topo, seria ainda melhor, porque nós tomaríamos as decisões. As mulheres, mais do que os homens, podem influenciar o fim das guerras. Acho isso porque nós geramos os bebês. Se ouço o filho de alguém no supermercado chamando "mamãe", sempre acho que está chamando a mim. Esse sentimento é bem comum entre mulheres. Meus filhos estão crescidos, mas a palavra "mãe" desperta uma reação, e nós nos sentimos responsáveis, apesar de o filho não ser nosso. Ajo assim e acho que todas as mulheres também. Eu me viro para ver quem a criança está chamando.

CARLA DEL PONTE

Para quem dá a vida, como as mulheres fazem quando têm um filho, é mais difícil aceitar a destruição da vida. Mas, na história, vemos que as mulheres também podem ser cruéis, por isso não devemos generalizar. Para fazer a diferença de verdade no mundo, nós precisamos de mais mulheres em posição de poder.

> "Ambos os sexos deviam tentar ser ativos no fim das guerras."
>
> DAGMAR HAVLOVÁ

CHRISTIANE AMANPOUR

A título de ilustração, Condoleezza Rice é mulher; Margaret Thatcher era mulher; Catarina, a Grande, era mulher — e todas apoiaram e foram às guerras. Mas também há muitas mulheres que estão trabalhando para acabar com as guerras e fazer a diferença no mundo. Elas precisam chegar em grande número a posições de liderança e não pensar que precisam agir como homens.

Eu também acrescentaria as legiões de mulheres que conheço no trabalho e que, cada uma a seu modo, tenta fazer a diferença e resistir às injustiças e aos preconceitos tradicionais contra as mulheres.

WANGARI MAATHAI

As mulheres podem fazer a diferença, assim como os homens. Acho que é muito importante darmos oportunidade para as mulheres participarem na divisão de poder, para termos chance de ver como se comportariam. Às vezes, acho que romantizamos as mulheres e dizemos que elas seriam mais compassivas se tivessem poder, mas não acredito nisso necessariamente. Nós temos que mudar o sistema e seus valores. Muitas mulheres chegam ao poder seguindo o sistema atual, e fica difícil para elas se libertarem do modelo masculino.

> "Nós temos que reconhecer que as mulheres já ocupam cargos de liderança no mundo todo e que estão em posições que podem levar a uma visão diferente."
>
> MARY ROBINSON

MARY ROBINSON

Acredito que temos que reconhecer que as mulheres já ocupam cargos de liderança no mundo todo e que estão em posições que podem levar a uma visão diferente. É importante que o século XXI se torne um século de participação igualitária das mulheres em todos os níveis. Estive envolvida com um Fórum Intercultural de Mulheres Líderes que examinou como nós podíamos oferecer liderança em questões de segurança humana. Nós reunimos uma variedade de mulheres, ex-chefes de estado e de governo e vozes internacionais, para criar uma nova visão de segurança humana. Um objetivo era impedir o terrível comércio de pequenas armas, pois são elas que se tornam as armas de destruição em massa. Outro era focar precisamente nas questões principais do nosso tempo, desde proliferação nuclear ao nosso fracasso em lidar com situações como Darfur.

MAYA ANGELOU

Não permito a diferenciação entre mulheres e homens. Houve uma pessoa chamada de "Bruxa de Buchenwald", que se gabava de ter feito um abajur de pele de pessoas. E a Ku Klux Klan usava trajes de lençóis que as mulheres fizeram para eles. Portanto, eu não questiono mais os homens do que as mulheres. Como grupo, acho que as mulheres, por vezes, foram mais covardes do que homens. Não admitimos, mas nos submetemos ao que eles querem e, às vezes, sabemos que não devemos, mas aceitamos comprometer nossa moral.

HANAN ASHRAWI

Sim, sinto que tenho uma responsabilidade de fazer a diferença, tanto como mulher quanto como ser humano. Como mulher, tenho maiores limitações e obstáculos, mas isso só me motiva mais. Como uma mulher que sabe pessoalmente o que é estar do lado mais fraco dos conflitos, de guerras, da violência, da injustiça e da discriminação, acredito que devo não só enfrentar esse males, mas também cuidar para que sejam enfrentados coletivamente e não só individualmente. Acredito que as guerras são feitas pelos homens e não pelas mulheres. Mas pessoas solidárias e a favor da igualdade de gêneros de ambos os sexos têm uma responsabilidade de impedir guerras e se opor à violência e ao poder desenfreado, porque estamos no lado da vítima na vida diária, não só em um nível nacional e mais dramático.

> "Não permito a diferenciação entre mulheres e homens."
>
> MAYA ANGELOU

KIM PHUC

As mulheres podem fazer a diferença com esperança, amor e perdão. Acho que as mulheres são mais poderosas do que os homens. Elas sabem o que é o verdadeiro amor e precisam dele, porque as mulheres e as crianças são quem mais sofrem.

8

QUAIS CRENÇAS ESPIRITUAIS OU RELIGIOSAS VOCÊ TEM?

LOUISE RIDLEY

Não sou religiosa, mas acredito em tentar ser gentil em todas as oportunidades, sem esperar nada em troca.

JANE FONDA

Sou cristã feminista. Fui criada como ateia e o que mudou meu pensamento, quando eu tinha cinquenta e um anos, foi o fim do meu segundo casamento. Acho que dores extremas, dores emocionais, psicológicas e espirituais podem nos massacrar e, depois do que aconteceu comigo, comecei a sentir impulsos de vingança, o que me pegou de surpresa. Não entendi e não esperava, só fui sentindo. Meu terceiro marido, Ted Turner, me levou para a Geórgia e, de repente, pela primeira vez na vida, eu me vi cercada de pessoas com fé que não eram idiotas. Jimmy e Rosalind Carter e Andrew Young e outros. Eu perguntava muitas coisas a eles. Em seguida, comecei a estudar a *Bíblia* e me tornei cristã. Eu me matriculei no Interdenominational Theological Center em Atlanta, que é o maior centro de treinamentos de pastores afro-americanos. Eu era a única estudante branca. Estudei o trabalho de interpretação de mulheres feministas e da teologia sistêmica e comecei a ler Elaine Pagels. Quanto mais estudava, mais percebia que a cristandade que me atraiu foi traída no século IV. Eu sentia que Jesus estava falando sobre as coisas em que mais acredito. Acho que, em determinado ponto na história antes de Jesus nascer, houve uma reverência pelo espírito feminino e pelo poder de uma mulher, e que muitas pessoas viam Deus nem como masculino nem feminino, mas dualista. Isso foi destruído com o desenvolvimento da Igreja formal. Mas, se olharmos alguns dos escritos e ditos de Jesus que não chegaram aos livros, o que ele está dizendo é que o masculino e o feminino precisam ser unidos para que possamos ser pessoas inteiras. Isso, de um jeito bem estranho e primitivo, é o que quero tentar ajudar que aconteça no mundo, e tem que acontecer enquanto as crianças estão crescendo. É por isso que trabalho com jovens o tempo todo. Nós temos que criar meninas para que exijam seu poder e temos que criar meninos para recuperarem seus corações, que são alterados quando eles têm uns cinco anos. O interessante, como percebo agora no último terço da minha vida, é que as mulheres podem voltar à força e à assertividade que tinham antes da adolescência, e os homens podem se tornar pessoas que cuidam mais, que têm mais sensibilidade e empatia, como quando eram bem jovens.

"Dores extremas, dores emocionais, psicológicas e espirituais podem nos massacrar e, depois do que aconteceu comigo, comecei a sentir impulsos de vingança."

JANE FONDA

ISABEL ALLENDE

Não sou uma pessoa religiosa, mas criei uma prática espiritual que inclui meditação. Meus mandamentos são bem simples: não fazer mal a ninguém nem a nada e, sempre que possível, fazer o bem.

MAYA ANGELOU

Estou tentando ser cristã. Estou trabalhando nisso e não é uma coisa pequena. Sempre fico impressionada quando as pessoas me abordam e dizem: "Sou cristã". Logo penso: "Ah, é?". Tentar ser cristão é como tentar ser muçulmano ou judeu ou xintoísta ou taoísta. Não é achar que você vai se converter. É se colocar no caminho para isso.

SWANEE HUNT

Amo a metáfora do rei que nasceu em um celeiro e de a ordem social estar de cabeça para baixo. Por isso, adoto a ideia do

Deus crucificado, que é a identificação de Deus com sofrimento e amor universal.

> "Tentar ser cristão é como tentar ser muçulmano ou judeu ou xintoísta ou taoísta. Não é achar que você vai se converter. É se colocar no caminho para isso."
>
> MAYA ANGELOU

BENAZIR BHUTTO

Sou muçulmana e acredito no Dia do Juízo Final. Na verdade, "muçulmano" significa aquele que acredita, que se submete à vontade de um Deus. Então, na verdade, o termo incluía membros da fé cristã e da judaica, porque eles também acreditam em um Deus único. Depois, fomos chamados "maometanos" durante o governo britânico, para nos identificar como seguidores de Maomé.

Acredito no Islã e acredito que todas as grandes religiões ensinam uma coisa em comum, que é fazer o bem neste mundo, porque somos julgados pelo que fazemos aqui. E que todas as religiões têm um terreno comum na definição do que é certo e do que é errado.

Já pensei muitas vezes que gostaria de ensinar os jovens, porque eles parecem estar se desviando da verdadeira mensagem do Islã. Muitos alunos de classe média estão se voltando para uma forma extrema da nossa religião, mas isso acontece porque os livros são escritos assim e não tem ninguém para dizer para eles qual é a verdadeira mensagem. Lembro que lia livros que diziam que o céu seria lotado de garotos jovens e eu questionava isso, porque não conseguia acreditar que Deus encheria o céu só com garotos jovens.

Quando li o Corão e vi a palavra raiz que foi usada, entendi que não era "garotos", mas "jovens", ou seja, todos seremos jovens no céu.

MARY ROBINSON

Tenho uma espiritualidade forte, baseada na minha criação católica, que foi ampliada quando me casei com um protestante e soube que havia muito na Irlanda católica que precisava ser aberto. Eu estava em Genebra, um tempo atrás, com uma grande amiga minha do Quênia.

Fui a um culto luterano de duas horas, em um domingo, e achei maravilhoso e espiritualmente inspirador, porque foi multicultural. Respeito todas as religiões e o papel que elas podem ter no reforço da dignidade e do valor de cada indivíduo.

Reconheço o lado ruim, de que guerras estão sendo travadas em nome da religião, e temos que garantir que os líderes da fé entendam suas responsabilidades e que, em particular, assumam responsabilidade por apoiar a igualdade de gêneros. No momento, eles não estão suficientemente comprometidos com isso.

MAIREAD MAGUIRE

Tenho histórico católico e acredito muito que minha fé me fortaleceu. Sempre me pergunto o que Jesus faria, porque ele é um modelo importante na minha vida. Há muitos caminhos até Deus, e Ele vive no coração de todos os homens e mulheres, quer creiam ou não. Nós somos interligados como família humana. Precisamos uns dos outros.

JODY WILLIAMS

Sou uma errante espiritual, totalmente ateia. Acredito em uma força vital, mas isso parece coisa de *Jornada nas estrelas*. Acredito em uma energia. Não sei se motivacional, mas tem alguma coisa lá. Não é o Deus institucional e benevolente, sem dúvida — acho isso baboseira. Não tem como eu pensar em um Deus que é benevolente e que também permite o que acontece no mundo.

JOAN BAEZ

Pratico Vipassana, uma meditação budista em que nos sentamos e tentamos estar presentes, tentamos estar cientes do que está acontecendo dentro e imediatamente fora de nós, no mundo. Tentamos ficar em silêncio e ver nosso cérebro trabalhar, o que acontece de verdade, e uma vez por semana o meu fica quieto por quarenta e cinco segundos, uma coisa muito importante para mim. É difícil e, de certa forma, horrível, porque mostra que nossa mente tem mesmo o controle sobre nós. É um processo de tentar dar ao menos uma olhada no que está acontecendo.

São muitos pensamentos catastróficos em nossa mente. Podemos dizer que a meditação está tentando fazer amizade com seu cérebro.

> "Deus vive no coração de todos os homens e mulheres, quer creiam ou não. Nós somos interligados como família humana."
>
> MAIREAD MAGUIRE

TANNI GREY-THOMPSON

Não sou ateia, mas sou meio agnóstica. Acredito que tem alguma coisa por aí, mas não tenho certeza do que é. Coisas religiosas e missas não me afetam. No filme *MIB - Homens de preto,* há um trecho no final em que só tem alienígenas vivos na Terra, a câmera se afasta e nós vemos o mundo, vemos o universo e vemos éons e éons e éons e, no fim das contas, somos só uma bolinha de gude nesse jogo alienígena. Só me pergunto se somos um experimento de um laboratório alienígena em algum lugar.

Tem tanta coisa totalmente inexplicável e acredito que haja um poder por aí, alguma coisa.

YOKO ONO

O espírito vive. A religião mata.

HELEN PREJEAN

Sou uma cristã que segue o Jesus radical, que trabalha por mudanças em um mundo com os oprimidos e os desprezados. Não sigo o que chamo de Jesus domesticado, citado nas igrejas aos domingos, em que hinos são cantados sobre a misericórdia de Deus e depois as pessoas apoiam a execução de seres humanos. O caminho de Jesus é o caminho da compaixão, do amor e da comunidade que faz justiça sem violência e, dessa forma, leva à paz.

EMMA BONINO

Tenho ideais e não crenças. Crenças tendem a virar dogma. E as crenças religiosas, particularmente, causaram e ainda causam muito sofrimento pelo mundo. Meus ideais são de um tipo secular: liberdade, democracia e estado de direito.

KATE CLINTON

Na minha família, nós seguíamos o jeito católico de fazer as beatitudes, visitar os doentes e ajudar as pessoas. Esses aspectos práticos são o que levo da abordagem católica. Meu aprendizado espiritual segue na direção da crença de que Deus está ao ar livre. Que a maré sobe e a maré desce.

WANGARI MAATHAI

Minhas crenças espirituais começaram em um nível muito tradicional, depois fui apresentada bem cedo às ideias cristãs e, desde essa época, fui exposta a muitas crenças mais amplas e ecumênicas. Acho que eu me chamaria de cristã muito liberal. Acredito em Deus, mas não necessariamente em alguma forma de religião organizada.

MARIANE PEARL

Sou budista há muitos anos.

> "O espírito vive. A religião mata."
>
> YOKO ONO

SOLEDAD O'BRIEN

Sou católica. Acredito que Deus existe e que há um motivo para as coisas que acontecem no mundo. Separo a Igreja e o Estado, e penso em mim mesma como religiosa, mas com algumas ideias bem fortes sobre o que é justo no mundo para todos. Acho que é muito importante haver tolerância entre todas as religiões.

KATHY KELLY

Ainda me sinto atraída pelas Escrituras. Não estou falando de tudo no Novo Testamento, mas dos valores centrais. O *Catholic Worker Movement* é uma coisa que sempre me comove. Aprecio muito o que tem sido feito pela rede de *Houses of Hospitality*.

JUNG CHANG

Não fui criada com crenças religiosas porque, no governo de Mao, todas as religiões foram proibidas. Se eu acredito em Deus? Não, mas acredito em algumas qualidades humanas que acho importantes. Colocaria a justiça e a gentileza em posição alta, além da verdadeira caridade e um senso de decência. Essas são coisas mais importantes na vida do que ser alguém com muitas conquistas.

CHRISTIANE AMANPOUR

Sou religiosa e acredito que ser assim me oferece uma estrutura moral crucial.

MARY KAYITESI BLEWITT

Sou católica, mas não sou guiada por isso. Posso facilmente ir a uma mesquita orar e sentir que sou parte do que estão fazendo, assim como posso ir a qualquer outra igreja. Portanto, a religião, para mim, é mais a sensação do eu interior e de estar à vontade com tudo ao nosso redor.

MARTHA LANE FOX

Não sou religiosa, mas prefiro me chamar de agnóstica, e não de ateia. Acredito nas pessoas e no poder das pessoas sustentarem umas às outras. Acho que eu preferiria basear qualquer tipo de sistema de crenças na capacidade dos indivíduos de confiar e contar com seus próprios poderes.

SHIRIN EBADI

Sou muçulmana e criei minhas duas filhas como muçulmanas. A espiritualidade tem um grande papel na minha perspectiva islâmica. Acreditar em Deus nos torna mais poderosas. Quando estou em circunstâncias difíceis, começo a pensar em Deus, o que me empodera para superar a situação.

"Acreditar em Deus nos torna mais poderosas.
Quando estou em circunstâncias difíceis,

começo a pensar em Deus, o que me
empodera para superar a situação."

SHIRIN EBADI

HANAN ASHRAWI

Acredito em valores humanos e padrões éticos que fazem valer a pena viver a vida humana. Duas das minhas tias são freiras católicas, e outra é Quaker. Um tio é batista, e outro é ortodoxo grego. Meu pai é agnóstico e humanista, e minha irmã se casou com um muçulmano. Temos praticamente de tudo na nossa família.

Vivemos uma vida tolerante, de aceitação, com inclusão dos diferentes. Para mim, o importante agora é ser um bom ser humano. Quer isso venha de Deus, da criação, da convicção ou da fé, não me contraponho.

JUDI DENCH

Sou Quaker. Estudei em um colégio interno Quaker e descobri que o jeito como uma reunião Quaker se forma, só com um grupo de pessoas sentadas juntas, era perfeito para mim. Nessas reuniões, as pessoas se levantam e dizem coisas, mas ficar sentada por uma hora sem falar absolutamente nada é uma disciplina mental de que preciso, porque sou uma pessoa agitada.

BIANCA JAGGER

Estudei em um convento católico e continuo sendo católica. Acho que trabalhar na questão da pena de morte e com gente no corredor da morte me deixou mais próxima de Deus do que antes.

DAGMAR HAVLOVÁ

Sou cristã, mas sou muito tolerante com outras religiões. O budismo está muito próximo de mim, e o carisma do Dalai Lama me afeta muito.

    Tenho fé na minha consciência, que sempre me avisa quando estou fazendo alguma coisa certa ou alguma coisa errada. E também me volto a Deus quando me sinto muito mal, não só quando reviro minha consciência, mas em meu desejo por esperança.

SINÉAD O'CONNOR

Sou católica por nascimento e por cultura, mas não me considero parte de nenhuma religião específica. Acredito que, de certa maneira, sou inspirada um pouco de cada por todas as religiões.

    Deus e religião são duas coisas diferentes, então, eu gosto de Deus e me interesso por religiões, mas não a ponto de fazer parte de nenhuma delas.

> "O jeito como uma reunião Quaker se forma,
> só com um grupo de pessoas sentadas juntas,
> é perfeito para mim."
>
> JUDI DENCH

SHAMI CHAKRABARTI

Não costumo falar sobre essas coisas, porque tenho uma posição pública e um trabalho a fazer. Tento me concentrar no que tenho certeza. E uma das coisas sobre a qual tenho certeza é a ideia da dignidade humana e de que o indivíduo não pode ser sacrificado pelo bem maior.

Não estou certa sobre as verdadeiras fontes dessa certeza. Mas acredito que a ideia de dignidade humana e de valor sejam universais e comuns ao lado bom de todas as grandes religiões mundiais, não ao ruim.

MARY MCALEESE

Sou uma seguidora simples de Cristo e das escrituras do amor que me atraiu a Ele. Dentro da disciplina das igrejas cristãs, sou membro da denominação católica romana, nascida e batizada, e permaneci na religião nos melhores e, também, nos piores momentos, apesar de algumas falhas ocasionais no caminho. Não concordo com tudo, mas é o meu lar espiritual.

MARIE COLVIN

Fui criada como católica. Não sigo as regras e regulamentações de uma religião organizada. Mas acredito em Deus. Acredito que há algo maior do que nós somos, que não somos apenas pedaços de carne. E, como já disseram uma vez, não há ateus nas trincheiras.

CARLA DEL PONTE

Cresci na religião católica cristã e ainda faço parte dela, mas não sou católica praticante. Às vezes, me chateio com Deus porque Ele permite que aconteçam coisas com as quais discordo totalmente. Mas acredito n'Ele.

NATAŠA KANDIĆ

Não acredito em Deus. Acredito na verdade, acredito em seres humanos, acredito na justiça.

KIM PHUC

Na minha adolescência, fui seguidora devota do caodaísmo no meu vilarejo de Tây Ninh. Eu estava procurando algo que me ajudasse espiritualmente. Agora, acredito em Jesus Cristo. Isso me ajudou. A fé cristã me ajudou.

VOZES FEMININAS

TRACEY EMIN

Acredito que viramos luz quando morremos. Acredito que tudo está conectado, cada evento, cada momento. Eu não conseguiria viver sem acreditar, eu desmoronaria. Acredito em outra dimensão, outro lugar.

"Não há ateus nas trincheiras."

MARIE COLVIN

9

VOCÊ TEM ALGUM CONSELHO PARA A GERAÇÃO MAIS JOVEM?

JOAN BAEZ

Acho que a geração mais jovem precisa ser ouvida, porque os jovens não vão ouvir conselhos. Eu não ouvi. Acho que, quando os filhos ficam um pouco mais velhos, bem, talvez bem mais velhos (meu filho tem quarenta e oito anos), eles, de repente, se tornam adultos respeitáveis.

Por um tempo, o único adulto que meu filho respeitava era negro, tocava tambor e era visto como sagrado, alguém a ser admirado. E uma mãe poderia ser enxotada se tentasse invadir esse mundinho de adoração. Hoje, está tudo bem, mas eu tinha que tentar dizer o que sentia.

Uma vez, minha mãe entrou no ambiente em que as crianças estavam sentadas e ninguém se levantou. Ela tinha noventa e três anos e, de uma forma sarcástica, disse: "Ah, não precisam se levantar!". Então, eu disse: "Pessoal, melhor se levantarem, depois eu explico". E foi o que aconteceu. Levantar-se era demonstração de respeito. Uma sobrinha minha que é muito fofa disse: "Obrigada por me dizer. Eu não sabia". E foi sincera. Os europeus parecem ser mais educados, é questão de treino.

> "Acho que a geração mais jovem precisa ser ouvida, porque os jovens não vão ouvir conselhos."
>
> JOAN BAEZ

SEVERN CULLIS-SUZUKI

Precisamos que a geração mais nova fale com a geração mais velha e a mande assumir suas responsabilidades. Os jovens precisam ser a voz da verdade. São eles que têm credibilidade para dialogar com pessoas que não estão acostumadas a pensar na repercussão que suas ações vão ter. Não há nada mais poderoso do que uma criança perguntar aos pais por que há injustiça no mundo e perguntar o que eles estão fazendo a respeito. Nós precisamos da voz delas. As pessoas ainda falam sobre o discurso que fiz aos doze anos na Conferência das Nações Unidas sobre o Meio Ambiente e o Desenvolvimento, no Rio de Janeiro, em 1992. Minha esperança com o discurso no Rio era que os jovens fossem seguir aquele exemplo ou me ouvir falando e perceber: "Ei, eu também posso me manifestar".

SOLEDAD O'BRIEN

Acho que foi Gandhi que falou: "Seja a mudança que você quer ver". Tem uma coisa bem verdadeira nisso.

ZOË SALLIS

> "Não há nada mais poderoso do que uma criança perguntar aos pais por que há injustiça no mundo e perguntar o que eles estão fazendo a respeito."
>
> SEVERN CULLIS-SUZUKI

HELEN PREJEAN

Costumo dizer para os jovens: se incendeiem, sejam apaixonados por aquilo que vocês acreditam. Não passem a vida toda dedicados a coisas triviais, trabalhando para deixar pessoas que já são ricas ainda mais ricas ou só para acumular bens. É bom ter uma motivação de alma. Sim, vocês vão se cansar e, sim, vão ficar de coração partido, mas também vão fazer parte da onda do futuro e vão ajudar o amor e a compaixão a serem verdadeiros. Sintam a energia da vida passando. Vocês podem ser derrotados em algumas das tarefas que tentarem realizar em nome das pessoas que não tem quem as defenda, mas vocês nunca vão se sentir tão vivos. O poeta libanês Khalil Gibran disse que devemos fazer um trabalho de vida que nos faça rir todas as nossas risadas e chorar todas as nossas lágrimas.

SHAMI CHAKRABARTI

Vou dizer o que quero para o meu filho. Quero que ele acredite que não é igual a ninguém, mas, ao mesmo tempo, preciso que ele entenda que não é superior a ninguém. É um conceito bastante complicado de passar. Ser confiante e ter orgulho de si mesmo e de suas crenças e também não ser arrogante, convencido nem superior é um paradoxo com o qual todos nós lutamos.

Muitas pessoas, principalmente as mulheres, são gentis, generosas e altruísta, mas são autodepreciativas a ponto de não se valorizarem. Por outro lado, algumas pessoas muito bem-sucedidas, muito criativas e muito inspiradoras são confiantes e, orgulhosas e demonstram habilidades de liderança e todo o resto, mas não têm humildade. E quando não somos humildes, sofremos consequências arrasadoras, em especial quando se tem muito poder. Ao mesmo tempo, eu diria para os jovens que ajuda estar feliz consigo mesmo.

É preciso amar um pouco a si mesmo para poder ser um bom amigo e um bom colega, e acho mesmo que essas coisas estão conectadas. Grandes causas políticas pela justiça, por exemplo, podem se tornar abstratas demais se não tentarmos também viver os valores na nossa vida pessoal em casa. Se tentarmos viver os valores em casa, assim como no trabalho, todos seremos mais felizes.

MAYA ANGELOU

Tente se convencer de que você não é a única coisa no universo, nem a melhor ou pior coisa do universo. É muito importante ter uma ideia de que existe algo maior do que nós para podermos nos afastar da egolatria.

"Vou dizer o que quero para o meu filho. Quero que ele acredite que não é igual a ninguém, mas, ao mesmo tempo, que não é superior a ninguém."

SHAMI CHAKRABARTI

KATE CLINTON

Quando falo com pessoas mais jovens, pergunto: "Você se interessa pelo quê? Você sente paixão pelo quê? Por que não reunir outras pessoas, não por e-mail ou sala de bate-papo, mas para jantar na sua casa e conversar sobre o que vocês podem fazer?".

A comunicação real não acontece com um *iPhone*. Na verdade, o tipo verdadeiramente maravilhoso de tesão é agir, fazer política, cara a cara com outras pessoas. Nós podemos efetuar muitas mudanças.

SHIRIN EBADI

Sempre falo para os jovens terem autoconfiança. Não tenham medo de cometer erros. Acho que um dos direitos do ser humano é o direito de cometer erros.

Acredito que o que realmente conta é aprender com os erros e não insistir em continuar sentindo culpa em um rumo errado.

MARY MCALEESE

Bem, meus filhos nunca escutam os conselhos que dou, então não tenho grandes expectativas de que alguém da geração mais jovem vá ouvir alguma coisa que eu diga, a não ser que seja para acreditar enfaticamente no poder de uma pessoa. Para acreditar que estão na Terra para fazer alguma coisa maravilhosa por si mesmos e pelos outros. E para acreditar em sua capacidade de agir, sejam quais forem os obstáculos e apesar de duvidarem de si mesmos. É simples assim.

JUDI DENCH

Imagino que os jovens tenham conselhos para mim. O que me preocupa é que os jovens não veem os pais porque eles não os entendem e dizem que os pais não os entendem. Para onde se vai a partir disso? Meu marido Michael e eu compramos uma casa em que os pais dele e a minha mãe e todos nós moramos juntos. Nós comíamos juntos, fazíamos tudo juntos. Cada um só tinha um quarto e um banheiro, e o resto era tudo compartilhado. Finty, minha filha, se lembra disso como uma época maravilhosa com os avós por perto o tempo todo.

KATHY KELLY

Eu diria que não existe presente maior na vida do que o privilégio de poder viver em harmonia com seus valores mais profundos. É preciso ter foco, porque não podemos resolver todos os problemas. E tudo bem começar em algum ponto mesmo sem estar totalmente preparado, porque, se esperar até estar perfeito, você vai ter que esperar muito tempo.

SINÉAD O'CONNOR

O que digo para os meus filhos é que os adultos são burros e que, por isso, o mundo está nas mãos deles. Acho que eles sabem mais do que nós. Mas, se eu precisasse dizer uma coisa para as crianças, diria para não usarem drogas químicas.

JODY WILLIAMS

Levante-se e faça alguma coisa. Encontre o número de uma organização e seja voluntário por uma hora por mês. Abra mão de uma hora tomando um café no *Starbucks* ou abra mão de uma hora fazendo compras no shopping. Vá fazer alguma coisa com seu tempo. Se todo mundo fizesse isso, imagine o mundo. Se você se importa com alguma coisa, vá fazer algo sobre isso ou cale a boca e deixe os que querem fazer alguma coisa agir.

MARIE COLVIN

Siga seu coração, encontre uma coisa de que realmente gosta. Não deixem ninguém nem nada convencê-los de que vocês não conseguem fazer algo. Para jornalistas cobrindo guerras (e eu perdi um olho em uma), eu diria que vocês precisam olhar as questões com clareza e não dizer: "Soldados são sempre ruins" e "Pessoas que não atiram em ninguém são boas". Acho que recorremos à força com facilidade e rapidez demais, mas, às vezes, é necessário. Muitos soldados costumam lutar em guerras das quais não querem participar.

Na Segunda Guerra Mundial, eles achavam que estavam lutando contra o mal. Acredito que, se existe o mal, nós temos que lutar contra ele. Se isso quiser dizer pegar uma arma, então, sim, eu faria isso. Sou não pacifista. Lutaria pela minha família, lutaria por aquilo em que acredito e lutaria com uma arma, se precisasse.

> "Vá fazer alguma coisa com seu tempo.
> Uma hora por mês. Se todo mundo fizesse
> isso, imagine o mundo."
>
> JODY WILLIAMS

PALOMA PICASSO

As pessoas jovens deveriam acreditar que podem fazer diferença e que vamos ter de nos esforçar para vivermos melhor juntos se não quisermos que esse mundo exploda e acabe em infelicidade. Infelizmente, nesse momento, isso é o que estamos vendo, pessoas brigando por crenças diferentes ou usando de violência porque estão se perdendo no mundo e não sabem qual é seu lugar. Elas estão vendo sua religião ou país como algo com o que se identificar, algo pelo que se diferenciar dos outros, em vez de tentar adotar um amor unificante.

Cresci nos anos 60, e todos esperávamos que o mundo fosse se tornar um só e que não houvesse mais fronteiras, tipo a filosofia paz e amor. Era a favor disso que nos manifestávamos e, mesmo tantos anos depois, não aconteceu ainda. A televisão nos deixou bem mais cientes da miséria e dos desastres no mundo todo. Mas, se os jovens não tiverem uma crença de que as coisas podem ser melhores e o desejo de tentar melhorá-las, não vai haver esperança.

JANE FONDA

Trabalho com adolescentes na intenção de dizer para os garotos que ser homem não tem nada a ver com engravidar um monte de garotas e ter bebês de quem eles não vão cuidar nem com tentar ser bruto, e dizer para as garotas que elas têm o direito de serem quem são, de se proteger, de ter controle sobre seu corpo e de saber o que querem e o que não querem, e dizer isso em alto e bom som.

Escrevi um livro para meninos e meninas, e novamente eram as distorções de gênero que eu estava tentando desvendar. A ideia de que a mulher é uma "propriedade" e de que o homem sempre tem que provar sua superioridade existe há tanto tempo que achamos que é um pano de fundo para a vida. Mas podemos evitar que isso se perpetue. Acho que vai ser a consciência das mulheres e dos homens que vai mudar essa atitude social, assim como são eles que estão começando a mudar nossa atitude atual em relação ao meio-ambiente.

LOUISE RIDLEY

Saiba que, se você não tomar a iniciativa de agir, é provável que nada aconteça. Seja sua campeã e a campeã das pessoas que precisam do seu apoio.

NATAŠA KANDIĆ

Acho que é importante que a geração futura conheça e aprenda com o passado. Sem isso, nada vai melhorar.

CARLA DEL PONTE

Meu conselho para a nova geração é que os jovens sejam bem obstinados sobre a importância absoluta da paz, a paz em todos os níveis. Eles precisam lutar pela paz na família, nos relacionamentos com os amigos, na vida social e, claro, na política. Essa é minha mensagem vigorosa, porque, durante oito anos como procuradora da ONU, vi quanto sofrimento é causado às vítimas de crimes contra a humanidade e de crimes cometidos durante conflitos armados.

ZOË SALLIS

MARY ROBINSON

Sei que o melhor conselho não é o que dizemos, mas o que fazemos. Gosto da companhia dos jovens; sempre dei aulas, e ainda dou, para alunos muito inteligentes da Universidade Columbia. Gosto de aprender com os jovens tanto quanto de ensinar. Nosso Fórum Intercultural de Mulheres Líderes foi inter-regional. Estávamos tentando nos conectar com mulheres jovens e entender o que liderança significava para elas. A perspectiva delas era diferente, e foi bom aprendermos juntas. Ensinar pelo exemplo é a melhor forma.

ISABEL ALLENDE

Estar conectados, conversar, compartilhar ideias, cuidar do planeta e uns dos outros e sentir alegria.

> "Estar conectados, conversar, compartilhar ideias, cuidar do planeta e uns dos outros e sentir alegria."
>
> ISABEL ALLENDE

WANGARI MAATHAI

É tentador dizer às pessoas como elas devem viver e o que devem fazer. Acho que, para a geração mais nova, o principal é dizer que mantenham a esperança, não desistam e cuidem da saúde. Tantos deles enfrentam a tentação de destruir a saúde que acho importante perceberem como é crucial cuidar de si.

TANNI GREY-THOMPSON

Acho que é preciso acreditar que podemos desafiar o *status quo*. Não é por coisas materiais. Não é uma questão de ter o celular mais moderno nem nada desse tipo. Nós temos que fazer alguma coisa da vida em vez de procurar a fama pela fama. Algumas pessoas jovens parecem acreditar que o corte de cabelo de uma estrela pop é mais importante do que o que está acontecendo no Afeganistão. Acho que minha mensagem seria sobre procurar fazer alguma coisa bem feita.

BIANCA JAGGER

Digo para os jovens que eles precisam saber que podem fazer diferença no mundo, que devem se envolver com causas públicas e tentar influenciar políticos. Se cada um tomasse consciência do poder do indivíduo, viveríamos em outro mundo.

DAGMAR HAVLOVÁ

Eu aconselharia as pessoas jovens a não repetir os erros da geração mais velha e a não repetir seus próprios erros, porque uma pessoa só tem o direito de repetir o erro uma vez. Diria que fossem humildes, mas sem temer obstáculos. Aconselharia que se educassem e trabalhassem para melhorar a sociedade. E que tentassem ter empatia com a necessidade dos outros. As emoções sociais estão diminuindo em todos os países.

KIM PHUC

Como embaixadora da Boa Vontade da UNESCO trabalhando pela paz, acho que os jovens deviam ajudar as crianças da guerra, que precisam de voz, de ajuda do mundo todo. Eu era aquela garotinha no Vietnã, no lugar errado, na hora errada. Agora, estou no lugar certo, na hora certa, mas nunca vou me esquecer de onde vim. Aprendam a viver com o verdadeiro amor.

> "É preciso defender aquilo que vocês acreditam ser o certo e não aceitar definições impostas da sua importância e do seu valor. Definam vocês sua importância e seu valor."
>
> HANAN ASHRAWI

MARY KAYITESI BLEWITT

Os jovens não devem aceitar ser meros espectadores. Nós, adultos, deveríamos estar fazendo mais para treinar nossos filhos para defender o que é certo. Se alguém sofre *bullying* ou se sabemos na mesma hora que algo não está certo, devemos agir e não dar as costas para a situação.

HANAN ASHRAWI

Meu conselho é o mesmo que me deram quando eu era jovem. Tenham confiança, porque vocês não estão sozinhos, há outras pessoas que vão apoiá-las. Em segundo lugar, não se permitam serem intimidadas. É preciso defender aquilo que vocês acreditam ser o certo e não aceitar definições impostas da sua importância e do seu valor. Definam vocês sua importância e seu valor e tenham confiança em si mesmos como seres humanos.

MAIREAD MAGUIRE

Eu diria que trabalhassem sua paz interior, ou tirassem tempo para encontrar a paz interior para lidar com os conflitos que estão acontecendo do lado de fora. Acho que as maiores guerras acontecem dentro da nossa cabeça, do nosso coração, ao lidar com as emoções, porque nós somos humanos e a vida é muito difícil; não é fácil para ninguém. Acredite em si e acredite que é amada por Deus e amado por muitas pessoas, e ame a si mesmo. Eu gostaria de pedir aos jovens que podem se envolver com bombardeios suicidas para lembrar que toda vida é sagrada. Bombas não são solução para os nossos problemas.

MARION COTILLARD

Acho que devíamos ouvir a geração mais jovem. Eles são inteligentes e estão cientes do que está acontecendo. Estão começando a ter mais respeito pelo que vamos deixar para eles. Meu conselho seria que ajudassem ou forçassem a geração mais velha a acordar.

YOKO ONO

Façam o que puderem pela saúde do planeta. Mas não se esqueçam de se divertir também.

PAULA REGO

Jovens, trabalhem arduamente. Encontrem algo que queiram fazer e trabalhem nisso. Fiquem cada vez melhores no que escolherem e divirtam-se. Olho para meus filhos e netos e eles parecem estar bem. Não tenho nenhum conselho específico para eles.

MARTHA LANE FOX

Meu conselho seria que se esforçassem, que acreditassem na possibilidade de agir, mesmo parecendo assustador ou intimidante, e acreditassem que vão acertar. Não há dúvida de que eu ainda estaria no hospital, possivelmente até em uma cadeira de rodas, se não fosse uma pessoa otimista e não tivesse reagido depois do meu acidente e não tivesse acreditado teimosamente que conseguiria voltar a andar.

Da mesma forma, acredito, em um nível profissional, que os negócios têm mais chance de sucesso quando somos confiantes e exalamos positivismo.

> "É importante ir além do 'eu', pensar na família, na comunidade e no que podemos devolver à comunidade. Não falo só financeiramente; pode ser com uma palavra amiga ou um ombro onde as pessoas possam chorar as mágoas."
>
> BENAZIR BHUTTO

BENAZIR BHUTTO

No desejo de sucesso e de crescimento na vida, é muito importante não perder contato com a família, porque o sentimento de comunidade nasce na família. Também acho importante tentar fazer um casamento dar certo e que as pessoas deveriam fazer um esforço para mantê-lo.

Portanto, embora eu não seja contra o divórcio, que pode ser importante em certas circunstâncias, diria para os jovens se esforçarem e se comprometerem. Não só nos relacionamentos conjugais, mas de forma geral. Às vezes, acho que essa é uma geração de muito "eu". É importante ir além do "eu", pensar na família, na comunidade e no que podemos devolver à comunidade.

Não falo só financeiramente; pode ser com uma palavra amiga ou um ombro onde as pessoas possam chorar as mágoas. Essas pequenas coisas podem ser um ótimo sistema de apoio. Há mais na vida do que apenas o sucesso, porque é possível ser bem-sucedido e acabar se tornando solitário. A estabilidade financeira e o conforto material são um tipo de riqueza, mas o apoio emocional e o sentimento de comunidade é outro tipo de riqueza, bem mais poderosa.

JUNG CHANG

Eu diria que ser uma boa pessoa vem antes de tudo e que isso não é incompatível com ser um bom profissional, um bom escritor ou um bom estadista. É importante ser um bom ser humano primeiro.

SWANEE HUNT

Eu encorajaria os jovens a serem ativos no confronto dos problemas que eles enxergam à sua volta. Nossa sociedade faz com que pensem que a vida é adquirir coisas. Mas a realização mais profunda é saber que somos parte da mudança no mundo.

CHRISTIANE AMANPOUR

Acho que os jovens deveriam ter um sonho e uma paixão, deveriam trabalhar arduamente e deveriam acreditar em seu poder de mudar o mundo para melhor. Não deveriam ser pessoas vazias, apenas ávidas pela fama, por exemplo.

10

VOCÊ TEM UMA OBRA DE ARTE, POEMA OU MÚSICA FAVORITA?

MARY MCALEESE

Sempre amei o antigo poema irlandês de James Clarence Mangan chamado *Roísin Dubh*, que pode ser traduzido como *Minha sombria Rosaleen*. A ressonância das palavras ficou marcada em mim. É sobre uma mulher linda e forte que, a cada volta e reviravolta da vida, é frustrada na realização de sua plena liberdade, sua plena dignidade, sua plena igualdade. Ela é uma metáfora para a Irlanda. O poema se tornou uma das canções irlandesas mais famosas e foi usada depois por Séan Ó Riada, um compositor maravilhoso, como parte da trilha musical de um filme chamado *Mise Eire*, que significa simplesmente *Sou a Irlanda*. Foi lançado em 1960 e fui assistir quando tinha nove anos. É sobre a Guerra de Independência e é impregnado de paixão. A música é tão comovente que nunca esqueci, porque resumiu o lugar que eu tinha no mundo, o lugar onde podia fazer diferença.

Na época, aquela Irlanda era um lugar muito desolador, mas ali havia uma música poderosa e brilhante, uma música que eu conhecia, mas agora com uma nova dimensão e um novo espírito.

Ouvi *Minha sombria Rosaleen* primeiro em casa, porque minha tia sabia tocar no piano e cantar. Ela era uma mulher com muita coisa a lamentar e um futuro ainda a se realizar, e tenho muita sorte e privilégio de ser parte de uma geração que permitiu que a "sombria Rosaleen" brilhasse, mostrasse a cara ao mundo, fosse membro da União Europeia. Para mim, a música é sobre destino. Essa geração está muito próxima de se libertar do sectarismo e de conquistar a igualdade, a paz, a reconciliação e a alegria que tanta gente na Irlanda, nunca teve.

JUNG CHANG

Um dos meus bens favoritos é uma obra de arte, um prato do século XVIII que minha avó escondeu com grande criatividade durante a Revolução Cultural, quando as antiguidades das casas das pessoas foram quebradas como parte da histeria "antiburguesa". Esse prato é, para mim, um símbolo da precariedade da cultura chinesa, que sofreu muitos traumas no regime de Mao e continua sofrendo atualmente. Quando eu era adolescente, exilada nos Himalaias e muito doente, li uma noveleta, *O primeiro amor*, de Turgenev, que tocou meu coração e foi duplamente preciosa, porque era um exemplar contrabandeado que meu irmão caçula empreendedor tinha comprado no mercado clandestino. Naquela época, todas as músicas eram proibidas, exceto as que louvavam Mao. As letras eram muito limitadas, mas, estranhamente, algumas das melodias eram muito bonitas.

CHRISTIANE AMANPOUR

Tenho dois poemas favoritos. Um é *Se*, de Kipling. O outro é *O ferreiro da aldeia*, de Longfellow. Dentre muitos, muitos livros, posso citar *Orgulho e preconceito*, *Jane Eyre* e *O caçador de pipas*. E amo *Música aquática*, de Handel.

MAYA ANGELOU

Eu coleciono arte, e uma das peças mais importantes da minha coleção é um quadro magnífico do artista afro-americano John Biggers, que o pintou quando estava em Gana.

Quando fui convidada para participar do programa *Desert Island Discs*, da BBC, escolhi o quadro dele como uma das coisas que levaria comigo se ficasse presa em uma ilha deserta. Também escolhi um livro chamado *The Negro Caravan*, uma coleção de textos de afro-americanos com trechos escritos por escravos do século XIX, poesias datadas do século XVIII e outros textos até o ano de 1940, quando o livro foi publicado. O material foi reunido por três poetas, e alguns são tão lindos que só de pensar neles temos vontade de chorar pelo livro existir.

Tem uma poeta afro-americana do século XIX, Anna Spencer, que escreveu *Letter to my Sister*, que me inspirou a escrever meu livro. O poema diz[2]: "É perigoso para uma mulher/Desafiar

---

2   Em tradução livre. (N. da. T.)

os deuses;/Provocá-los com a ponta fina da língua,/Ou pisar na fraqueza/Da mera humanidade,/Ou desenhar uma linha e os desafiar a atravessá-la;/Os deuses são donos dos relâmpagos incandescentes,/Das águas que afogam, dos medos que atormentam/E da raiva dos piores pecados".

Também adoro música norte-americana, jazz, blues, country e gospel. Gosto de alguns clássicos europeus, mas aprecio mais as óperas de Puccini e Verdi. Também gosto dos compositores russos, que são imponentes e enormes, como sua terra.

> "Escolhi um livro chamado *The Negro Caravan*, uma coleção de textos de afro-americanos... Alguns são tão lindos que só de pensar neles temos vontade de chorar pelo livro existir."
>
> MAYA ANGELOU

KATHY KELLY

Adoro as poesias de Wilfred Owen, que foi morto na França na última semana da Primeira Guerra Mundial. Eu queria que pudéssemos dar um tapinha no ombro dele e dizer: "Ei, imagina só! Suas palavras atravessam fronteiras por décadas". Fico muito comovida com o seu desejo juvenil de se comunicar em nome dos que estavam morrendo à sua volta.

ZOË SALLIS

Outro que me comoveu pela honestidade e pela habilidade da escrita foi Primo Levi, que sobreviveu ao campo de concentração de Auschwitz. Sou bastante grata pela existência da música clássica. E Leonard Cohen tem uma grande importância para mim.

"Fico muito comovida com o desejo juvenil de Wilfred Owen de se comunicar em nome dos que estavam morrendo à sua volta."

KATHY KELLY

"Gosto de *O grito*, do Edvard Munch... Sempre que vejo, dou umas risadas."

SINÉAD O'CONNOR

BIANCA JAGGER

O livro de Gandhi, *Non-Violent Resistance*, foi uma grande influência na minha vida. Na arte, adoro Matisse, Picasso (principalmente no período azul) e Andy Warhol. Também gosto do escultor britânico Antony Gormley, famoso pela escultura *Angel of the North*.

Na música, amo *Tristão e Isolda*, de Wagner, *Réquiem*, de Verdi, o Buena Vista Social Club e o Bob Dylan cantando *Blowin' in the Wind*.

SINÉAD O'CONNOR

O livro mais inspirador que li foi o *Tanakh*, que é basicamente o equivalente judaico ao Velho Testamento, só que nós o roubamos dele, que é o original. É o que eu salvaria se minha casa pegasse fogo. Minhas músicas favoritas são os cantos gregorianos. Tem um grupo de monges na Irlanda, de um lugar chamado Glenstal Abbey, que fez uns discos só com cantos gregorianos que são os que mais gosto. Na pintura, gosto de *O grito*, do Edvard Munch. Acho muito divertido, mas ninguém parece achar engraçado. Sempre que vejo, dou umas risadas.

HELEN PREJEAN

Adoro *Messias*, de Handel, e a parte[3] "Ah, olhe e veja se existe dor maior do que a minha", porque tive tanto disso quando estive com pessoas que foram executadas. Acho linda a música que Tim Robbins fez com o cantor paquistanês Nusrat Fateh Ali Khan para o filme *Os últimos passos de um homem*. É o tipo de música que deve ser passada de família para família. E amo os Beatles, a energia da música deles. Na arte, gosto de pintores intensos como Georges Rouault. Tem uma força nos quadros de Edward Hopper que me agrada.

Um livro que mudou minha vida foi *Jesus antes do Cristianismo*, de Albert Nolan, sobre como Jesus abalou os cultos

---

3   Em tradução livre. (N. da. E.)

de sua época, além das autoridades romanas, porque ficava ao lado dos marginalizados e dos oprimidos. Vivo com base nisso desde então.

SWANEE HUNT

Adagietto, da Quinta Sinfonia de Gustav Mahler, é uma peça musical tão linda que choro sempre que a escuto. E tenho um poema favorito de Thomas Hardy, chamado *The Oxen*, escrito durante a Primeira Guerra Mundial. É sobre a preservação da fé, seja em que circunstância for.

Na arte, nós temos um retrato de Nureyev feito pelo pintor norte-americano Jamie Wyeth, que é um amor meu. Engloba muita beleza e graça no corpo humano, apesar de não ter movimento, só a linda postura de balé.

ANN LESLIE

Eu não poderia viver sem Shakespeare e amo poesia, Keat, Larkin e Neruda especialmente. Quando estou cansada ou deprimida, releio livros que já conheço de trás para a frente, em geral Jane Austen e Thomas Hardy. Sou como uma criança que quer ouvir a história favorita várias vezes, como se fosse meu cobertorzinho de estimação. Não sou muito musical, uma grande tristeza para o meu marido, que sempre tentou me "ensinar"a ser fã me levando a recitais de quartetos de corda e a óperas. Pobrezinho, já desistiu. A música que me comove costuma ser a música clássica indiana, talvez por causa da minha infância na Índia.

JUDI DENCH

Tudo de Shakespeare. Ah, e centenas de pinturas. Tem um quadro maravilhoso de Patrick Caulfield de uma jarra enorme, que eu adoro, e outro favorito é o *Primavera*, de Botticelli.

> "Eu releio livros que já conheço de trás para a frente... Sou como uma criança que quer ouvir a história favorita várias vezes."
>
> ANN LESLIE

> "Fico nostálgica quando Frank Sinatra canta *Strangers in the Night*, porque meu pai tocava essa música, e estava tocando quando ele conheceu minha mãe."
>
> BENAZIR BHUTTO

BENAZIR BHUTTO

Só compro quadros que tocam meu coração. Comprei um no Hyde Park Corner, tão alegre que me convidava a ficar alegre e feliz, e me fez sentir que a vida era cheia de perfumes e cores e de presentes da natureza. Cada quadro que tenho conta uma história. Nenhum foi caro, mas todos são preciosos. Eu adorava ouvir músicas pop na época da faculdade. Meu pai gostava de música clássica e me dizia que ouvia lixo quando estava escutando Roberta Flack ou Diana Ross. Sinto saudades dos anos 1970, quando ouço Diana Ross cantando *Touch Me in the Morning.* Também fico nostálgica quando Frank Sinatra canta *Strangers in the Night,* porque meu pai tocava essa música, e estava tocando quando ele conheceu minha mãe. Comprei para ela porque está com Alzheimer e achei que podia gostar.

JOAN BAEZ

Tenho um cantor favorito: Jussi Björling, o cantor de ópera sueco. Para mim, é o melhor tenor que já existiu. Ele morreu aos quarenta e nove anos, em 1960. Era péssimo ator, mas tinha uma voz maravilhosa, que transcendia quando ele fazia seus próprios recitais. Quando você pergunta sobre arte, o que quem à minha mente é a escultura anônima grega *La Victoire*, chamada *Vitória de Samotrácia.* Fica em uma extremidade do Louvre e se ergue do grande pedestal onde está. É linda.

TANNI GREY-THOMPSON

Tenho algumas palavras favoritas, muito emotivas, das quais minha mãe gostava e anotava e que encontramos entre suas coisas quando ela morreu. "A morte não é nada. Não conta. Só fui para o quarto ao lado. Nada aconteceu. Tudo continua como era. Eu sou eu e você é você, e a antiga vida que vivemos com tanto carinho juntas continua intocada, inalterada..."

DAGMAR HAVLOVÁ

Provavelmente, começaria minha lista de preferências com os livros do Dalai Lama: *O livro tibetano do viver e morrer* ou *Um coração aberto*. Gosto de *A imortalidade*, de Milan Kundera, e também das peças do meu marido, Václav Havel, porque contêm humor. Adoro visitar museus de arte, porque encontro segurança e certeza lá.

Os pintores de que mais gosto são Van Gogh, Lautrec e Monet. Na música, gosto de algumas canções folk da Morávia. São melancólicas e vêm do coração. Os trabalhos de Tchaikovsky, Vivaldi e muitos outros compositores de música clássica me dão uma sensação de segurança.

TRACEY EMIN

Meu poema favorito é um árabe do século XI, de Ahmad Ibu--al-Qaf. Se eu pudesse ter um quadro pendurado na minha casa, seria *A carta de amor*, de Vermeer. Se pudesse ter um livro para levar comigo, seria *Ética*, de Spinoza. Escuto todos os tipos de música: Leonard Cohen, Johnny Cash, David Bowie. Mas precisam me tocar, e tenho que gostar da letra também.

MAIREAD MAGUIRE

Amo o livro *Imitação* de Cristo, de Tómas de Kémpis, e a *Bíblia*. Amo música e peças para o piano, como Chopin. Amo piano e penso muito em Aung San Suu Kyi, da Birmânia. Ela toca piano, e isso deve ter lhe consolado na solidão e no confinamento.

> "Adoro visitar museus de arte, porque encontro segurança e certeza lá."
>
> DAGMAR HAVLOVÁ

MARY ROBINSON

A poesia foi importante para mim, mas não tenho nenhuma favorita. Tenho uma prateleira de poesia que consulto com frequência e uso versos de poemas no meu trabalho. Além disso, encontro consolo em mergulhar em poemas conhecidos e desconhecidos. É uma bênção que meu marido e a família dele sempre tenham gostado de arte. Minha filha estudou História da Arte e temos livros e muitos quadros de que gosto, mas não conseguiria escolher um.

MARTHA LANE FOX

Um livro favorito seria *Guerra e paz*. Joga uma luz incrível em diferentes aspectos da humanidade e do ciclo de vida. Sempre que o leio, tenho um sentimento de humildade e me sinto inspirada. Na arte, acho Vermeer simplesmente extraordinário.

JODY WILLIAMS

Se alguém perguntasse que livro levaria para uma ilha deserta, responderia o maior dicionário do mundo, porque aí eu não me cansaria nunca de tentar aprender todas as palavras. Amo arte, principalmente de influência asiática, chinesa e japonesa. Também gosto da música da minha época: os Beatles.

> "*Guerra e paz* joga uma luz incrível
> em diferentes aspectos da humanidade
> e do ciclo de vida humana."
>
> MARTHA LANE FOX

EMMA BONINO

O caçador de pipas, de Khaled Hosseini, tem uma importância forte porque é sobre o Afeganistão, um lugar especial para mim.

SHIRIN EBADI

Gosto de ler a escritora indiana Jhumpa Lahiri, que escreveu o livro no qual o filme *Nome de família* se baseou, e também gosto do trabalho de Mira Nair, que dirigiu o filme. Tento ler literatura por meia hora todas as noites. Mais literatura persa, porque falo, leio e escrevo em persa. Mas também gosto de ler livros que foram traduzidos para o persa. E gosto de todos os tipos de música e arte.

MARION COTILLARD

Primeiro seria o discurso de aceitação do Prêmio Nobel de 2005, de Harold Pinter, *Arte, verdade e política*. Um livro que tocou minha alma foi *A serpente cósmica*, de Jeremy Narby.

LOUISE RIDLEY

Tenho uma amiga chamada Olivia que tem gosto musical bem melhor e mais amplo do que o meu e escolheu a maioria das minhas músicas favoritas desde que estudamos juntas. Uma das músicas é *Love and Affection*, de Joan Armatrading. Isso me lembra da época em que descobria músicas trocando *MiniDisc* e minha bagagem musical foi aumentando de uma forma poderosa e inesperada. *Tiny Dancer*, de Elton John, sempre me fez sentir uma nostalgia estranha, acho que depois de eu tê-la ouvido no filme *Quase famosos*, na minha adolescência. E foi a música da minha primeira dança com meu marido no nosso casamento.

Em relação a poesias, quando estava prestes a ter um bebê, pensava que *All The Things You Are Not Yet*, de Helen Dunmore, e *Make the Ordinary Come Alive*, de William Martin, resumiam o medo de criar uma nova pessoa.

KATE CLINTON

Meus poemas favoritos são de Muriel Rukeyser, uma poeta de Nova York que começou a publicar nos anos 1930 e morreu em 1980. Além de ser poeta, ela era ativista, fazia oposição à guerra e escreveu um livro muito inspirador chamado *The Life of Poetry*. Na minha releitura, constatei que ele realmente cristaliza meus pensamentos sobre o poder que as pessoas têm de fazer a diferença.

> "A ficção e os filmes deveriam ser provocativos assim."
>
> SHAMI CHAKRABARTI

PAULA REGO

Amo Verdi e escuto o Rigoletto quase todas as manhãs de sábado. Gosto também de Puccini e Donizetti. Leio muita poesia e observo quadros o tempo todo para aprender. Sou grande admiradora de William Berra, um artista impressionante. Sou grande fã de Max Ernst e amo Grünewald, que é extraordinário. Amo todos os pintores espanhóis; Goya, claro, e Ribera. Mas também gosto da pintura italiana: Caravaggio e Michelangelo. Picasso foi um grande mestre, um gênio.

SHAMI CHAKRABARTI

Sou meio obcecada por um filme chamado *Filhos da esperança*. Acho um filme excelente, que faz pensar. A ficção e os filmes deveriam ser provocativos assim. Não estou tentando sugerir que o cenário apocalíptico apresentado no filme vá acontecer, ou que vá acontecer ano que vem ou em uma década ou em cem anos. Mas acho que alguma das circunstâncias que tornam aquele tipo de resultado mais provável são fortes demais.

HANAN ASHRAWI

Tenho muitos favoritos em cada área, dependendo do meu humor. Se estiver com vontade de me entregar ao esotérico, diria que gosto de literatura inglesa antiga. Gosto de Chaucer, por exemplo. Dentre os poetas, amo Mahmoud Darwish, um palestino. E Yeats. Amo ler e gosto de literatura clássica. Gosto de tragédias gregas. Gosto de livros de crítica. E, se estiver no clima para política, gosto dos livros de Edward Said. Discordo de algumas de suas visões — nós tivemos uma grande discussão sobre cultura e imperialismo —, mas ainda o acho brilhante. Não tenho favoritos exclusivos, mas tantos livros, peças musicais, quadros e obras de arte deram profundidade, riqueza e diversidade à minha vida e aprecio todos eles.

MARY KAYITESI BLEWITT

Tudo que movimenta minha cabeça é bom. Qualquer coisa que traga alegria, por menor que seja, eu absorvo. A música é terapêutica para mim. Gosto de ouvir música clássica. Quando estou com vontade de dançar, eu danço qualquer coisa, hip-hop, tudo. Sou uma pessoa simples. Não categorizo as coisas.

MARIE COLVIN

Yeats é meu poeta favorito. Tem um verso dele que adoro, de um poema sobre a Revolta da Páscoa em Dublin: *Uma beleza terrível nasce.* Dentre os artistas plásticos, admiro um pintor alemão chamado Anselm Kiefer, que captura de forma abstrata os extremos da humanidade e faz isso só com cores e pedacinhos de coisas. É o tipo de arte que é um soco no estômago.

NATAŠA KANDIĆ

Gosto dos quadros de Matisse. E gosto de ouvir música e participar de atividades teatrais e musicais.

WANGARI MAATHAI

Amo todos os tipos de música. Quando ouvi essa pergunta do Comitê Nobel Norueguês, falei que queria ouvir as músicas de

Patti LaBelle, uma cantora norte-americana que combina música religiosa com soul. Também gosto de música clássica.

SOLEDAD O'BRIEN

Tem um artista dominicano chamado Rascal que trabalha em Nova York. Adoro seu trabalho porque ele desenha pessoas e elas são coloridas. Tenho suas obras por toda a minha casa. Na música, acho India.Arie uma cantora maravilhosa, assim como Melissa Etheridge.

YOKO ONO

A civilização e a cultura são muito importantes para mim. Não vamos destruir a beleza que criamos ao longo dos séculos.

KIM PHUC

Amo ouvir as músicas clássicas. Também amo desenhar. E amo a arte inspiradora de Thomas Kinkade. Ele é um pintor famoso nos Estados Unidos e tenho uma das obras dele.

ISABEL ALLENDE

Como inspiração, leio poesia, principalmente Pablo Neruda.

MARIANE PEARL

Tenho uma passagem favorita de um discurso feito por Robert F. Kennedy na Universidade da Cidade do Cabo no dia 6 de junho de 1966, que começa com "Poucos terão a grandiosidade de mudar a história, mas cada um de nós pode trabalhar para mudar uma pequena parte dos eventos, e no total de todos esses atos, será escrita a história dessa geração[4]".

JANE FONDA

Léger é um dos meus artistas favoritos. E meu poema favorito é um dos *Sonetos a Orfeu*, do Rilke, sobre o unicórnio.

---

[4] Em tradução livre. (N. da E)

SOBRE AS PARTICIPANTES

ISABEL ALLENDE

Escritora e ativista. Os livros de Allende, inclusive *A casa dos espíritos, Eva Luna, Paula* e *Filha da fortuna* são campeões de venda. É a fundadora da Fundação Isabel Allende, que trabalha para empoderar e proteger mulheres no mundo todo. Recebeu o Prêmio Nacional de Literatura do Chile em 2010 e ganhou de Barack Obama a Medalha Presidencial da Liberdade em 2014.

CHRISTIANE AMANPOUR

Jornalista britânico-iraniana e apresentadora de televisão. Amanpour é a âncora principal internacional da CNN e já fez transmissões de quase todos os grandes conflitos das últimas três décadas, inclusive a Guerra do Golfo, a Guerra da Bósnia, Ruanda e Afeganistão. Amanpour recebeu mais de sessenta prêmios, inclusive onze Emmys e quatro Peabody Awards. Foi nomeada Comendadora (CBE) da Excelentíssima Ordem do Império Britânico, em 2007.

MAYA ANGELOU

Poeta, memorialista, ativista dos direitos civis, artista, produtora e diretora de teatro e cinema, compositora e historiadora.

Recebeu cinquenta títulos honoríficos e foi indicada a premiações de livros e ao Grammy. Morreu em 2014.

HANAN ASHRAWI

Legisladora, ativista de direitos humanos e acadêmica. Serviu como porta-voz oficial da delegação palestina no Processo de Paz no Oriente Médio e é a fundadora do MIFTAH, a Iniciativa Palestina para a Promoção do Diálogo Global e da Democracia. Ashrawi ganhou o Prêmio Sydney da Paz, em 2003.

JOAN BAEZ

Cantora. Baez é defensora dos direitos humanos e da resistência não violenta desde que ficou famosa nos anos 1960, e fez um elo entre sua música com suas ações em nome dos direitos civis e dos movimentos antiguerra nos Estados Unidos. Mais recentemente, envolveu-se com a campanha para a abolição da pena de morte no país e com os esforços antiguerra em relação à política norte-americana no Oriente Médio. Em 2011, a Anistia Internacional organizou um evento para premiar Joan Baez pelo seu "extraordinário e inspirador serviço na luta global pelos direitos humanos" e inaugurar uma premiação com o nome da artista para as mesmas conquistas.

BENAZIR BHUTTO

Primeira mulher primeira-ministra do Paquistão. Assassinada em 2007, pouco depois desta entrevista, Bhutto foi presidente do Partido Popular do Paquistão. Ela morreu duas semanas antes da data da Eleição Geral do Paquistão, na qual seria a candidata da oposição ao presidente Musharraf.

MARY KAYITESI BLEWITT

Fundadora do fundo para os sobreviventes do genocídio de Ruanda (SURF). Depois de perder cinquenta pessoas da família no genocídio de 1994, Mary Kayitesi se voluntariou para o Ministério da Reabilitação de Ruanda por oito meses antes de organizar o SURF. Recebeu o Prêmio Pilkington, em 2004, e foi nomeada Oficial da Ordem do Império Britânico (OBE) depois de supervisionar o Fundo dos Sobreviventes por quinze anos.

EMMA BONINO

Vice-presidente do Senado italiano, ex-deputada no Parlamento Europeu e ex-Ministra de Comércio Internacional e de Assuntos Europeus da Itália. Recebeu o prêmio Norte-Sul, em 1999, por sua contribuição com os direitos humanos. Foi Ministra de Relações Internacionais de 2013 a 2014.

SHAMI CHAKRABARTI

Diretora de Liberdade (National Council for Civil Liberties) de 2003 a 2016, organização que almeja proteger as liberdades civis e promover os direitos humanos. Foi Chanceler da Oxford Brookes University até 2015 e Chanceler da Universidade de Essex de 2014 a 2017. Foi nomeada Comendadora (CBE) da Excelentíssima Ordem do Império Britânico, em 2007.

JUNG CHANG

Escritora. Seu relato autobiográfico de três gerações de mulheres chinesas, *Cisnes Selvagens*, vendeu mais de dez milhões de exemplares no mundo todo. Em 2005, ela publicou *Mao:*

a história desconhecida com Jon Halliday, um relato histórico da vida e do trabalho de Mao Tsé-Tung.

KATE CLINTON

Humorista política e artista familiar. Fez várias turnês pelos Estados Unidos com seu show solo, lançando nove coleções de comédia e quatro DVDs. Escreveu três livros: *What the L?*, *Don't Get Me Started* e sua terceira coletânea, *I Told You So*.

MARIE COLVIN

Correspondente internacional do Sunday Times de 1985 até sua morte, em 2012. Mesmo ficando seriamente ferida em uma zona de guerra do Sri Lanka, Colvin trabalhou em quase todos os conflitos. Morreu cobrindo o cerco de Homs, na Síria.

MARION COTILLARD

Atriz. Cotillard ganhou um César, um BAFTA e um Oscar de melhor atriz por sua atuação como Edith Piaf em *Piaf — Um hino ao amor* (2007). Tornou-se Cavaleira da Ordem das Artes e das Letras na França, em 2010, e foi promovida a Oficial, em 2016. É a estrela de vários filmes, inclusive *Eterno amor*, *Inocência*, *Inimigos públicos*, *A origem* e *Ferrugem e osso*.

SEVERN CULLIS-SUZUKI

Ativista ambiental, escritora e apresentadora. Ela fundou a Environmental Children's Organization, em 1988, aos nove anos, e segue com as campanhas por causas ambientais, enfatizando a responsabilidade pessoal na preservação da natureza.

VOZES FEMININAS

CARLA DEL PONTE

Ex-Promotora-Chefe do Tribunal Penal Internacional da ONU. Levou Slobodan Milošević a julgamento e processou o governo de Ruanda por genocídio, além de criminosos de guerra e membros da Máfia. Serviu como Embaixadora Suíça na Argentina de 2008 a 2011 e é autora do livro *The Hunt: Me and the War Criminals*.

JUDI DENCH

Atriz. Foi indicada ao Oscar seis vezes e venceu por sua interpretação da Rainha Elizabeth em *Shakespeare apaixonado* (1998). Vencedora de dez BAFTAs, dois Globos de Ouro e um Tony, ela é Dama Comendadora (DBE) da Ordem do Império Britânico desde 1988.

SHIRIN EBADI

Advogada e ativista de direitos humanos. Fundou a Children's Rights Support Association no Irã e foi a primeira mulher muçulmana a ganhar o Prêmio Nobel da Paz (2003) por sua contribuição com os direitos humanos. É autora de *Iran Awakening: A Memoir of Revolution and Hope*, *Refugee Rights in Iran*, *The Golden Cage* e *Until We Are Free*.

TRACEY EMIN

Artista. Emin foi indicada ao Prêmio Turner, em 1999, representou a Grã-Bretanha na Bienal de Veneza e é membro da Academia Real Inglesa desde 2007. Já doou muitos trabalhos para leilões beneficentes e fundou a Biblioteca Tracey Emin em Uganda, em 2008. Foi professora de desenho da Academia

Real de 2011 a 2013. Em 2013, foi nomeada Comendadora (CBE) da Excelentíssima Ordem do Império Britânico.

JANE FONDA

Atriz e ativista da paz. Fonda estrelou filmes como *Barbarella*, *Num lago dourado* e *Como eliminar seu chefe* e ganhou dois Oscars. Desde que fez oposição à Guerra do Vietnã, nos anos 1960, ela apoia várias causas antiguerra e feministas. Estabeleceu o Centro Jane Fonda para Saúde Reprodutiva Adolescente em Atlanta, Geórgia, em 2011.

TANNI GREY-THOMPSON

Atleta paralímpica e apresentadora de televisão setorista de esporte. Tanni Grey-Thompson tem dezesseis medalhas paralímpicas e trinta recordes mundiais e foi nomeada Dama Comendadora (DBE) da Ordem do Império Britânico, em 2005, por seus serviços ao esporte. Agora que está aposentada das competições, ela está nos conselhos do UK Athletics e do Transport for London. Em 2010, foi nomeada par vitalício da Casa dos Lordes e é Chanceler da Universidade de Northumbria desde 2015.

DAGMAR HAVLOVÁ

Humanitária e ex-primeira dama da República Tcheca (enquanto esposa de Václav Havel). Criou a Fundação VIZE 97 para direitos humanos, educação de jovens, oncologia, mudanças climáticas e intolerância racial. Dagmar Havlová também é integrante da organização filantrópica L'Association Femmes d'Europe.

SWANEE HUNT

Presidente do Hunt Alternatives Fund, que já doou mais de 120 mil dólares para iniciativas nacionais e globais de mudança social. Foi embaixadora na Áustria do governo Clinton e escreveu *This Was Not Our War: Bosnian Women Reclaiming the Peace, World's Apart: Bosnian Lessons for Global Security, Rwandan Women Rising* e suas memórias, *Half-Life of a Zealot*. Foi incluída no National Women's Hall of Fame, em 2007.

BIANCA JAGGER

Ativista e humanitária. Jagger trabalha com várias organizações de direitos humanos, inclusive a Anistia Internacional e a Human Rights Watch. Foi presidente do World Future Council de 2007 a 2009 e é presidente da Fundação Bianca Jagger pelos Direitos Humanos, assim como Embaixadora da Boa Vontade no Conselho da Europa.

NATAŠA KANDIĆ

Ativista dos direitos humanos e fundadora do Centro de Lei Humanitária em Belgrado. É organizadora da Campanha Velas pela Paz e da Black Ribbon March. Kandić recebeu mais de vinte prêmios de paz por sua luta pelos direitos humanos na Sérvia.

KATHY KELLY

Uma das coordenadoras do Voices for Creative Nonviolence, campanha de resistência para acabar com a guerra do Iraque e a guerra global contra o terror. Kelly também foi a criadora do

Voices in the Wilderness, campanha feita para acabar com as sanções da ONU e dos Estados Unidos contra o Iraque, no ano de 1996.

MARTHA LANE FOX

Empresária, fundadora da Lastminute.com. Lane Fox fundou a organização beneficente Antigone e é diretora não executiva da Marks & Spencer plc, do Channel 4 Television e do mydeco. Ajudou a fundar o Lucky Voice Private Karaoke, em 2005. No começo de 2013, foi nomeada Comendadora (CBE) da Excelentíssima Ordem do Império Britânico e logo depois se tornou par vitalício da Casa dos Lordes.

ANN LESLIE

Jornalista e apresentadora de televisão premiada. Já fez matérias em mais de setenta países. Foi nomeada Dama Comendadora (DBE) da Ordem do Império Britânico, em 2006, pelos seus serviços ao jornalismo.

WANGARI MAATHAI

Ativista ambiental e política, em 1977, fundou o Green Belt Movement no Quênia. Ela foi a primeira mulher do leste e do centro da África a ter PhD e a primeira mulher africana a ganhar o Prêmio Nobel da Paz (2004) por sua contribuição com o desenvolvimento sustentável, a democracia e a paz. Escreveu suas memórias, livro campeão de vendas do The New York Times, *Unbowed: My Autobiography*, e também *The Green Belt Movement: Sharing the Approach and the Experience*. Maathai faleceu em 2011.

MAIREAD MAGUIRE

Cofundadora do Peace People, organização criada em 1976 dedicada a resolver pacificamente os Conflitos na Irlanda do Norte. Ganhou o Prêmio Nobel da Paz, em 1976, e o prêmio Pacem in Terris, em 1990.

MARY MCALEESE

Presidente da Irlanda em 1997, consagrada como oitava presidente da Irlanda e reeleita em 2004. Ex-jornalista, professora universitária e vice-chanceler e ex-diretora do Channel 4 Television. McAleese recebeu o prêmio American Ireland Fund Humanitarian, em 2007, e é integrante do Council of Women World Leaders.

SOLEDAD O'BRIEN

Jornalista e âncora de telejornais. Ex-ocupante da bancada do *American Morning*, da CNN, já apareceu como âncora e correspondente na MSNBC, na CNN, na Al Jazeera America e na HBO. Uma das integrantes da equipe que recebeu o prêmio Peabody pela cobertura do furacão Katrina, O'Brian ganhou o NAACP President's Award, em 2007, pelos seus esforços humanitários e excelência jornalística. Atualmente, apresenta o programa *Matter of Fact with Soledad O'Brien*.

SINÉAD O'CONNOR

Cantora e compositora. Desde que ficou famosa com o sucesso *Nothing Compares 2 U*, em 1990, O'Connor faz críticas abertas à opressão das mulheres. Indicada a muitos prêmios, em 1991, ganhou um Grammy de Melhor Apresentação de Música

Alternativa. Seus álbuns recentes incluem *Theology* (2007), *How About I Be Me (And You Be You)?* (2012) e *I'm Not Bossy, I'm the Boss* (2014). Em 2017, O'Connor mudou o nome legalmente para Magda Davitt. Em 2018, ela se converteu ao islamismo e mudou para Shuhada Sadagat.

YOKO ONO

Artista e musicista de vanguarda. Sua retrospectiva de 2001, *YES YOKO ONO*, ganhou o prêmio da Associação Internacional de Críticos de Arte dos Estados Unidos de Melhor Exposição. Em 2002, ela recebeu o prêmio Skowhegan na categoria meios diversos e o prêmio National Arts de Contribuição Excepcional às Artes, em 2008. Ela é ativista da paz e faz campanha contra o racismo e o machismo desde os anos 1960.

MARIANE PEARL

Jornalista e humanitária. Depois da morte do marido, Daniel Pearl, pelas mãos de terroristas, em 2002, escreveu seu livro de memórias, *A Mighty Heart*, que deu origem à adaptação cinematográfica *O preço da coragem*, estrelada por Angelina Jolie.

KIM PHUC

Embaixadora da boa vontade da UNESCO e ativista pela paz. Muitas vezes é referida como a "garota da foto" depois que foi fotografada quando criança correndo nua na rua depois do ataque de napalm na Guerra do Vietnã. Em 1997, fundou a Kim Phuc Foundation International para ajudar crianças que são vítimas de guerras em todo o mundo.

PALOMA PICASSO

Designer de moda e empresária franco-espanhola, mais conhecida pelo trabalho com joias para a Tiffany & Co e por seus perfumes. É a filha mais nova do artista do século XX, Pablo Picasso, e da pintora e escritora Françoise Gilot.

HELEN PREJEAN

Defensora norte-americana da abolição da pena de morte. Atuou como conselheira espiritual de vários detentos no corredor da morte e escreveu o relato autobiográfico de suas experiências, *Dead Man Walking*, publicado em 1993, e adaptado para o cinema no filme *Os últimos passos de um homem*, com Susan Sarandon, e para a ópera. Também é autora de *The Death of Innocents: An Eyewitness Account of Wrongful Executions* e de suas memórias espirituais, *River of Fire: The Spiritual Path to Death Row*. Já recebeu vários prêmios, inclusive, o Pacem in Terris e o World Methodist Peace.

PAULA REGO

Artista. Rego aborda questões como desigualdade de gêneros e aborto em seu trabalho. Foi indicada ao Prêmio Turner, em 1989, e recebeu o título de doutora Honoris Causa da Oxford University, em 2005. Foi condecorada Dama da Ordem do Império Britânico, em 2010.

LOUISE RIDLEY

Jornalista premiada. Ex-editora de projetos especiais no HuffPost UK e editora de notícias do BuzzFeed UK. Indicada ao British Journalism Awards, em 2017, e finalista do Women of the Future Awards no mesmo, também foi listada com uma das 50 Mulheres The Drum com menos de 30 anos do Mundo Digital, em 2015.

MARY ROBINSON

Primeira mulher presidente da Irlanda (1990-1997). Depois da presidência, Robinson passou cinco anos como Alta Comissária das Nações Unidas para os Direitos Humanos. É presidente do Realizing Rights e integrante do The Elders, organização fundada por Nelson Mandela. Em 2009, ganhou um diploma honorário da University of Bath. No mesmo ano, ganhou a Medalha Presidencial da Liberdade de Barack Obama.

JODY WILLIAMS

Ativista pela paz. Williams liderou o Tratado de Ottawa, um tratado internacional que tornou ilegal o uso de minas terrestres. Recebeu o Prêmio Nobel da Paz, em 1997.

AGRADECIMENTOS

Agradeço a Duncan Baird e a todos da
Duncan Baird Publishers.
Também agradeço à Watkins Publishing
pela nova edição deste livro.

Um agradecimento especial ao meu filho
Danny, por me encorajar e ter fé em mim.
Foi uma ideia dele que me inspirou a fazer
este livro acontecer.

Primeira edição (novembro/2020)
Tipografia Georgia e Brandon Grotesque
Papel Pólen Soft 70g
Gráfica IPSIS